조직
역동성

조직 역동성

드디어 밝혀진 조직 성장의 5가지 비밀코드

초판 1쇄 | 2024년 11월 19일

발 행 일 | 2024년 11월 19일
지 은 이 | 가인지 컨설팅 연구소(신주은, 고정민, 김이레, 조유민, 안우림, 박상하)
디 자 인 | 엔드디자인
펴 낸 이 | 김경민
펴 낸 곳 | ㈜가인지북스

출판등록 | 2016년 12월 22일 제2022-000252호
주   소 | 서울시 마포구 토정로 16, 2층 가인지 벙커
전   화 | 02-337-0691
홈페이지 | www.gainge.com
이 메 일 | gainge.cs@gainge.com
ISBN | 979-11-91662-18-4

* 파본이나 잘못된 책은 구입하신 곳에서 교환해 드립니다.
* 이 책의 저작권은 가인지컨설팅그룹에 있습니다.
  이 책 내용의 전부 또는 일부를 재사용하려면 반드시 서면 동의를 받아야 합니다.
* 이 도서의 국립중앙도서관 출판예정도서목록(CIP)은
  서지정보유통지원시스템 홈페이지 (http://seoji.nl.go.kr)와
  국가자료공동목록시스템(http://www.nl.go.kr/kolisnet)에서 이용하실 수 있습니다.

값 18,000원

드디어 밝혀진 조직 성장의 **5가지 비밀코드**

조직 역동성
Organizational Dynamics

가인지 컨설팅 연구소
신주은 고정민 김이레 조유민 안우림 박상하

• 추천사 •

이론이 아닌 실전! 『조직역동성』은 실제로 적용 가능한 살아있는 조직을 위한 5가지 방법을 제시합니다. 전사적인 비전과 구성원 개개인이 느끼는 효능감까지 구체적으로 다루고 있는 이 책은 조직 운영에 대한 두려움을 5가지 솔루션으로 효과적으로 해결합니다. 책을 통해 조직의 성과를 높이고, 구성원들의 만족도를 향상시키는 방법을 발견하시길 적극 추천합니다.

_ 정옥 전무, 준오헤어

그냥 만들어지는 '좋은 것'은 없다고 생각합니다. 좋은 제품과 서비스를 만들기 위해 우리는 여러 번 샘플링을 하고 집요하게 문제를 해결하죠. 하지만, 좋은 조직을 만들기 위해서 어떤 노력을 하고 있나요?
11년 동안 브랜드를 운영해 보니 모든 조직원이 함께 끊임없이 공부하고, 시도하고, 애써야지만 좋은 조직에 가까워질 수 있더라고요. 좋은 제품과 서비스를 만들기 위해서는 좋은 조직이 우선이 되어야 한다는 진리를 놓치지 않으려고 노력합니다.
좋은 조직을 만들고 싶거나 첫 시작이 막막하신 분께 이 책을 추천합니다. 든든한 가이드가 돼 줄 거예요.

_ 박신후 대표 (Lolly), 롤리조쓰컴퍼니

MZ세대 경영의 노하우를 담은 저로서, 『조직역동성』은 조직 문화와 리더십에 대한 새로운 패러다임을 제시한다고 확신합니다. 이 책은 조직의 비전 정렬, 혁신 행동, 지원적 리더십 등 핵심 요소를 통해 조직이 어떻게 역동적으로 변모할 수 있는지 구체적인 사례와 함께 설명하고 있습니다. 현대 조직의 리더들이라면 꼭 읽어야 할 필독서입니다.

_ 김가현 대표, 뉴즈 『MZ를 경영하라』 저자

전략이란 눈에 보이지 않는 것입니다. 따라서 전략기획의 핵심은 눈에 보이지 않는 이러한 전략적 방향성을 조직 내 다양한 부서와 기능이 하나의 목표로 일치하여 시너지를 창출하는 것에 있습니다. 특히 변화 관리와 혁신적인 아이디어 창출이 필요한 오늘날, 조직 내 다섯 가지 핵심 요소들이 상호작용하는 방식에 대해 깊이 있는 통찰을 제공합니다. 조직 역동성을 강화하려는 모든 기업의 전략 부서에 강력히 추천합니다.

_ 도은주 이사 (CSO), 스타트업 브랜딩 전문가

『조직역동성』은 현대 조직이 지속 가능하고 경쟁력 있는 변화를 이루기 위해 필수적으로 갖춰야 할 다섯 가지 핵심 요소를 심도 있게 탐구합니다. 이 책은 비전 정렬, 혁신적 행동, 지원적 리더십, 심리적 안전감, 그리고 업무 효능감이 어떻게 조직의 성과와 성장을 극대화하는지 다양한 사례와 연구를 통해 구체적으로 제시합니다. 이 책은 조직 역동성에 대한 이론적 고찰과 실질적 적용 방안을 제시하여 독자들이 실제 조직 환경에서 변화를 촉진할 수 있는 귀중한 도구가 될 것입니다. 조직의 성장을 도모하는 모든 연구자와 실무자에게 강력히 추천합니다.

_ 이혜주 교수, 한동대학교

대기업의 인사 책임자로서, 수많은 변화와 도전에 직면하는 상황에서 조직역동성의 중요성을 매일 체감하고 있습니다. 이 책은 단순히 조직 문화를 개선하는 데 그치지 않고, 비전 정렬, 혁신, 심리적 안전과 같은 실질적인 요소들을 어떻게 강화할 수 있는지 명확하게 제시해줍니다. 특히, 실제 데이터와 사례 기반의 접근은 인사 정책 수립에 매우 유용합니다.

_ 대기업 성과관리 인사부장

급격하게 변화하는 환경 속에서 성과를 창출하는 기업에는 공통된 요소가 있습니다. 바로 조직역동성입니다. 이 책, 『조직역동성』은 수많은 기업들이 거쳐간 가인지 캠퍼스의 데이터를 토대로 구체적이고 실용적인 경영 전략들을 제시합니다. 경영 현장에서 바로 적용할 수 있는 실용적 통찰을 담고 있는 이 책을 성공적인 조직을 만들고자 하는 모든 리더들에게 추천합니다.

_ 유수연, 네이션에이 대표

『조직역동성』은 수많은 기업의 경영 컨설팅으로 건실한 노하우를 쌓은 가인지컨설팅그룹에서 야심차게 펴낸 경영 필독서로 직원들과 경영자가 함께 읽으면 많은 도움을 받을 수 있는 책입니다. 어떻게 하는 것이 좋은 피드백인지, 빌드업인지를 시원하게 알려주는 책인 것 같습니다. 조직의 미래를 밝힐 수 있는 지침서로써 사용하시면 너무 좋은 영향을 받을 수 있을 것 같습니다.

_ 김정훈 상무, 아소비

다양한 변화 속 예측 불가능한 환경에서 조직 경영에 대한 이론적 방법뿐 아니라 실천 가능한 액션 플랜까지 안내하는 21세기 경영의 교과서입니다. 가인지 캠퍼스는 이미 무니스를 비롯한 여러 기업들의 데이터를 기반으로, 구체적이고 실용적인 전략을 제시합니다. 이 책은 리더들이 반드시 읽어야 할 필독서로, 조직의 경계를 뛰어넘어 혁신적인 성장을 도모할 수 있도록 돕는 지침서가 되어줄 것입니다.

_ 권서현&길상현 공동대표, 무니스(나이틀리)

한 조직이 진정한 성장을 이루기 위해서는 단순한 조직 관리를 넘어서는 역동적인 조직 문화가 필수적입니다. 이제는 조직 구성원 모두가 방향을 함께 설정하고 유기적으로 소통하며 신속하게 변화를 주도할 수 있어야 합니다. 『조직역동성』은 바로 그러한 조직을 위한 강력한 도구이자, 경영자와 리더에게 조직의 역동성을 평가하고 개선할 수 있는 필수 지침서입니다. 조직역동성을 구성하는 다섯 가지 요소인 비전정렬, 혁신행동, 지원적 리더십, 심리적 안전감, 업무 효능감은 모든 구성원들이 각자의 자리에서 역동성의 주체가 되는데 필요한 가이드를 제공합니다.
이 책을 통해 조직 구성원 개개인이 조직의 생동감을 높이며, 자발적으로 성장과 변화를 이끄는 문화를 만들어갈 주체가 되길 기대합니다.

_ 박용욱 교수, 경남대학교

빠르게 변화하는 시대를 살아가는 언더백 기업의 경영자나 인사담당자들이여! 조직과 함께 성장하고 싶다면 이 책은 필독서임이 틀림없습니다. 『조직역동성』은 MZ세대와 함께 도전할 수 있는 시스템을 제시하며, 조직 전체가 목표에 집중하고 성과를 내는 법을 알려줍니다. 실천 가능한 첫걸음을 찾고 있다면 이 책은 그 방향을 시원하게 제시할 것입니다.

_ 김승엽 대표, 바이렉스

『조직역동성』은 조직이 변화의 시대에서 민첩하게 대응하고, 지속 가능한 성장을 이뤄내기 위한 핵심 전략을 명확하게 제시합니다. 이 책은 비전 정렬, 혁신 행동, 지원적 리더십과 같은 요소들을 체계적으로 다루며, 단순한 관리 방식을 넘어 조직 문화와 성과를 동시에 혁신하는 방법론을 제공합니다. 현장 중심의 사례와 실행 가능한 솔루션은 리더와 구성원 모두가 즉시 활용할 수 있는 가치를 지니고 있어, 성장이 필요한 모든 조직은 반드시 참고해야 할 필독서입니다.

_ 장인석 대표, 그로스체인

목차

프롤로그   **014**

조직 성장을 가속화하는 숨겨진 코드, 조직역동성

Ch1. 평범한 조직이 위대한 성과를 만드는 이유   020
Ch2. 성장하는 조직의 5가지 비밀 코드   025
Ch3. 조직의 성장을 이끄는 새로운 기준을 제시하다   034

CODE #1.
달려갈 목적지를 분명히 하는, 비전정렬

Ch1. 비전없는 조직은 아무리 뛰어도 제자리 걸음   042
Ch2. 그 말을 하기 지겨워질 즈음, 사람들이 듣기 시작한다   050
Ch3. 목표를 얼라인 하지 않으면 배가 산으로 간다   058
Ch4. 단 하나의 행동, 비전 달성의 열쇠   065
Ch5. 비전을 모두가 즐기는 문화로   071

CODE #2.
입이 아닌 손발로 만드는 혁신, 혁신행동

Ch1. 올해 목표는 작년의 2배입니다   080
Ch2. 오른쪽에서 왼쪽으로! 일이 되게 하는 창의적 역순사고   087
Ch3. 부서를 넘나드는 엑스트라 마일러 김대리   093
Ch4. "일단 작게 시작해봅시다" 빠르게 가설을 시도하는 적응적 계획   100
Ch5. "다른 부서와도 더 많이 소통합시다" 전문성을 강화하는 대화의 선   109

CODE #3.
최고의 복지는 동료다, 지원적 리더십

Ch1. "마음이 다쳤단 말이에요" MZ세대의 마음을 사는 대화법   120
Ch2. 기분만 나쁜 피드백이 아닌, 팀원을 움직이게 하는 피드백   127
Ch3. JUST DO IT? NO, 거인의 어깨 위에서 일하세요!   136
Ch4. 맞춤 트레이닝이 필요한 이유?   142
Ch5. 도움이 필요할 때 찾아갈 수 있는 사람이 있는가   149

CODE #4.
도전할 여지를 만드는, 심리적 안전감

Ch1. 실패의 비용을 낮춰야 도전할 마음이 생긴다	158
Ch2. 우리 팀은 도전할 목표가 있습니까?	166
Ch3. 정보가 곧 기회, 도전의 시작점	173
Ch4. 도전적 목표, 무게를 감당할 수 있는 아이디어가 있는가	182
Ch5. 재도전의 성공율을 높이는 유일한 방법	190

CODE #5.
잘 때도 일 생각하게 만드는, 업무효능감

Ch1. 동기부여? 아니다, 동기발견이다	200
Ch2. 연봉보다 중요한 것이 딱 하나 있다면?	207
Ch3. 일터를 놀이터로 만드는 방법	215
Ch4. 이곳에서 넌 달나라도 갈 수 있어!	222
Ch5. 왕관을 쓰려는자에게 자율과 책임을	228

조직역동성, 시작이 반이다

Ch1. 우리 조직 맞춤 처방전, 진단에서 시작된다   240
Ch2. 역동적 조직을 만드는 한 걸음의 힘   246
Ch3. 결국엔 다 변화관리다   255

에필로그   260
참고문헌   261

부록. 조직역동성 실행 도구   269

프롤로그

　자동차 제조업을 영위하는 K 기업의 인재개발팀 팀장을 만났을 때였습니다. K 기업은 3년 전부터 팀 단위로 '애자일하게 일하는 문화'를 진단하고, 그 결과에 따라 교육과 솔루션을 제공하며 변화를 꾀하고 있었습니다. 최근에 만난 독일에 본사를 두고 있는 첨단 광학 기술 Z기업은 'High Performing and Effective Team' 문화를 구축하기 위한 여러가지 시도를 하고 있었습니다.

　최근의 급변하는 경제 환경과 디지털 혁신의 시대 속에서, 글로벌 대기업들도 조직 구조와 일하는 방식에 큰 변화를 도입하고 있습니다. 더 이상 방대한 규모의 조직이 단일한 방식으로 일하는 것이 유리하지 않은 시대가 온 것입니다. 대신, 작은 팀 단위로 쪼개고, 각 팀이 자율적이고 빠르게 의사 결정을 할 수 있도록 역동성(Dynamics)을 갖춘 조직 구조를 구축하는 것이 필요해졌습니다.

　"수많은 조직들이 왜 역동적 조직 문화의 구축에 심혈을 기울이고 있는가?"

1. 빠르게 변하는 시장 대응력

　식품 유통업을 하고 있는 D기업의 대표는 한 달에도 몇 번씩 목표에 대한 피봇팅을 통해, 시장 변화에 발맞추기 위해 노력하고 있습니다. 변화의 속도가 빠른 시장에서 경쟁력을 유지하기 위해선, 기업 내부에서도 빠르게 변화하고 적응할 수 있는 구조가 필요합니다.

2. 혁신 촉진

반도체 연구 과제를 이끌던 팀장이 매일 진행하던 Daily Sync-up 미팅에서, 한 달 동안 해결하지 못해 고민하던 문제를 집단지성을 통해 풀어냈다며 기뻐하던 모습이 떠오릅니다. 혁신은 종종 다양하고 창의적인 의견이 충돌하며 새로운 아이디어가 나오는 팀 환경에서 촉진됩니다.

3. 신속한 의사결정

"이거 어차피 대표님까지 결재 받는데 몇 주는 걸릴거에요. 바로 실행 못해요." 프랜차이즈 본사 마케팅 직원이 자포자기한 표정을 지으며 한 말입니다. 기업 내 전통적인 조직은 계층 구조가 복잡해 결정을 내리는 데 시간이 걸릴 수 있습니다. 반면, 팀에게 책임과 권한의 위임이 많아질수록 구성원들이 보다 자율적으로 결정을 내릴 수 있어 의사 결정 속도가 빨라집니다.

4. 팀원들의 몰입도와 만족도 향상

가죽 제품 온라인 쇼핑몰을 운영하고 있는 G기업은 3개월 마다 OKR 파티 (성과 공유 미팅)를 하고 있습니다. G기업에 들어 온지 얼마되지 않은 사원이, 본인이 아이디어를 내서 만든 제품이 잘 팔려서 뿌듯했다는 지식을 발표하는 모습을 보는데 그 보다 더 표정이 밝을 수는 없습니다. 각자가 팀의 핵심적인 역할을 맡아 자신의 기여가 조직 성과에 직접 영향을 미친다는 느낌을 받을 때, 업무에 대한 몰입도와 성과가 함께 향상됩니다.

가인지컨설팅그룹은 지난 24년간 4,300여 개의 기업과 함께 걸어왔습니다. 수많은 기업들의 경영자와 직원들을 만나며 기업의 성장을 돕기 위해 달려왔습니다. 그 치열한 현장 속에서 발견한 한 가지 확실한 공통점은 성과를 내는 조직에는 반드시 '조직역동성'이 존재한다는 것입니다. 외부의 변화에 빠르게 대응하기 위해, 목표를 한 방향으로 정렬하고, 상호간 투명하게 소통하며, 동료의 성장을 지원하고, 일을 통한 개개인이 성장하는 일련의 조직적 특성이자 문화입니다.

이 책은 비전 정렬, 혁신 행동, 지원적 리더십, 심리적 안전감, 업무 효능감이라는 성장하는 조직의 '5가지 비밀 코드'를 밝히고 있습니다.

각 요소는 조직역동성에 핵심적인 영역입니다. 이 책은 기업 성장을 위해 끊임없이 노력해왔지만 뚜렷한 변화를 이루지 못해 고민하는 경영자와 리더들을 위해 '성과의 법칙'을 제시합니다. 책에 담긴 기업 사례들은 실무적 지침으로서 조직역동성을 강화하고자 하는 모든 분들에게 가장 가까운 멘토가 되어줄 것입니다. 이 책을 완성하기까지 낮에는 현장에서, 밤에는 글을 쓰며 최선을 다해준 고정민, 김이레, 조유민, 안우림, 박상하 다섯 명의 공동저자들에게 깊은 감사를 전합니다. 또한, 가인지와 함께 '일하는 방식의 변화'를 만들어온 모든 컨설팅 현장의 경영자들과 직원들에게도 감사의 마음을 전합니다.

이 책에서 제시하는 '조직역동성'의 개념이 새로운 혁신에 도전하는 여러분의 조직 시기적절한 마중물 역할을 하기를 바랍니다. 더불어, 이 책이 여러분의 조직에 가슴 뛰는 변화를 일으킬 수 있기를 진심으로 바랍니다.

가인지컨설팅그룹 성과관리 센터장,
신주은

조직 성장을 가속화하는
숨겨진 코드,
조직역동성

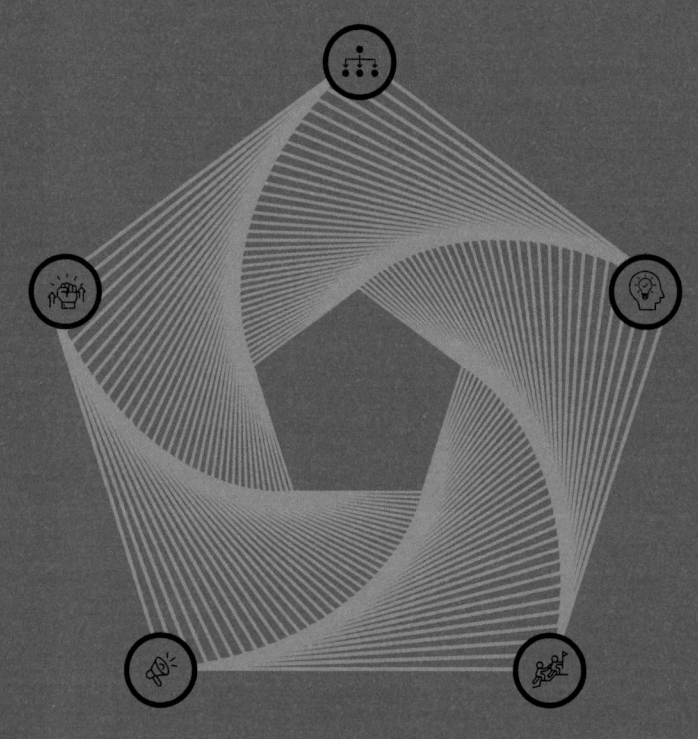

Organizational Dynamics

Ch1. 평범한 조직이 위대한 성과를 만드는 이유

Ch2. 성장하는 조직의 5가지 비밀 코드

Ch3. 조직의 성장을 이끄는 새로운 기준을 제시하다

—— Ch1 ——

평범한 조직이
위대한 성과를 만드는 이유

대한민국의 진짜 평균 이야기

　많은 언론과 SNS에서는 여전히 대기업 중심의 기업 문화와 복지 수준을 보여주고 있습니다. 이러한 보도는 중소기업에서 일하는 대다수 근로자의 현실과 괴리가 있으며, 진짜 한국의 평균을 반영하지 못하고 있습니다. 하지만 국내 전체 기업 중 99.8%가 중소기업이라는 점을 고려할 때, 대한민국의 산업을 실질적으로 떠받치고 있는 중소기업의 실제 상황과 그 속에서 일하는 사람들의 이야기를 통해, 보다 현실적이고 공감할 수 있는 기업 문화를 조명하고자 합니다.

　2022년 기준, 국내 중소기업의 수는 약 804만 개로 전체 기업 중

99.8%를 차지하고 있으며 이는 정부에서 통계 작성을 시작한 이래 처음으로 800만 개를 넘어선 수치입니다.[1] 이에 발맞춰 정부도 2027년까지 14개 비수도권 지역의 주축산업 분야에서 280개 선도기업을 선정해 육성하겠다고 발표했습니다. 중소벤처기업부에서 발표한 '2022년 기준 중소기업 기본통계' 자료에 따르면, 중소기업 종사자 수는 2021년 대비 약 2.5% 증가한 1,895만 명으로 대기업 고용의 두 배 이상에 달하고 있습니다.[2] 국내 중소기업을 두고 '일자리 창출과 양극화 해소의 중심'이라고 표현합니다.

틈새시장에서 카테고리 챔피언으로 거듭난 F 기업

2018년에 설립된 한 중소 IT 기업인 F 기업은 인공지능을 활용해 소규모 유통업체들의 물류 효율을 극대화하는 플랫폼을 개발했습니다.

이 기업은 소규모 유통업체들이 물류 관리에 필요한 인프라가 부족한 점, 재고 관리나 배송 시간 최적화, 물류비 절감 등에서 어려움을 겪는 점에 주목했습니다. 이런 문제들을 해결하기 위해 '중소상공인들도 쉽게 이용할 수 있는 플랫폼을 구축하자'라는 목표를 가지고 AI 기반의 물류 최적화 시스템이라는 아이디어를 떠올렸습니다. 먼저는 AI 알고리즘이 실시간으로 재고 데이터를 분석하고, 판매 추세와 수요 예측을 기반으로 재고를 최적화했습니다. 둘째, 교통 상황, 배송 목적지 간의 거리, 차량 가용성 등을 종합적으로 분석하여 최적의 배송 경로를 실시간으로 추천했습니다. 마지막으로는, 과거 구매 데이터를 기반으로 고객들의 구매 패턴을 분석하고, 앞으로 어떤 제품의 수요가 높을지 예측했습니다. 이를 통해 소규모 유통업체들이 효율적인 주문을 할 수 있게 되었으며, 불필요한 재고를 줄이는 동시에 판매율을 높일 수 있습니다.

이 플랫폼을 도입한 한 유통업체는 도입 전과 비교했을 때 약 20%의 물류비가 절감되었으며, 배송 시간도 15%가량 단축되었습니다. 특히, 이 업체는 AI를 활용해 특정 제품의 수요 급증을 예측하고, 해당 제품의 재고를 빠르게 확보함으로써 매출이 25% 증가하는 성과를 얻었습니다. 해당 업체는 물류 효율성을 극대화한 덕분에 더 많은 고객을 확보할 수 있었으며, 기존 대비 3배 이상의 배송 처리량을 감당할 수 있게 되었습니다.

F 기업은 소규모 유통업체들이 자원을 효율적으로 관리할 수 있도록 지원할 뿐 아니라 물류 처리 속도 증가와 비용 절감이라는 두 마리 토끼를 잡을 수 있도록 도왔습니다. 이는 시장에서 기업들이 경쟁력을 높일 수 있는 혁신적인 도전으로 평가받고 있으며, 대기업들이 접근하기 어려운 틈새시장을 개척함으로써, 중소기업이 변화하는 디지털 시대에서 충분히 경쟁력을 갖출 수 있음을 보여주는 사례입니다.

내부에서 시작되는 혁신의 힘

혁신적인 성과를 내는 기업은 마치 잘 조율된 오케스트라와 같습니다. 외부에서 보기에는 멋지게 연주하는 모습만 보일 수 있지만, 그 안을 들여다보면 각 파트가 서로 긴밀하게 협력하고, 하나의 소리를 낼 수 있도록 끊임없이 조율하고 있다는 것을 알 수 있습니다. 음악의 흐름이 하나로 맞춰지는 과정은 곧 조직의 내부 시스템이 어떻게 움직이고 있는지를 보여줍니다. 이들은 외부 환경에 쉽사리 휘둘리지 않고, 그들만의 방식으로 변화와 도전을 받아들이며 성장해 나가고 있습니다.

기업이 위기 속에서 살아남고, 도약하는 순간을 잘 들여다보면 공통된 특징이 있습니다. 바로, 리더의 방향성이 조직 전체에 자연스럽게 스며들어 있다는 것입니다. 마치 등대처럼 조직의 방향을 잡아주는 리더가 있고, 그 리더가 던지는 메시지는 조직 구성원 각자가 자신의 역할 속에서 자신감을 가지고 목표를 향해 나아가게 합니다. 중요한 건, 이 메시지가 그저 외부의 명령으로만 작동하는 것이 아니라는 점입니다. 모든 구성원이 자발적으로 그 목표를 이해하고, 그 안에서 의미를 찾습니다.

이 과정에서 직원들은 '내가 이 일을 왜 하는지', '이 일이 조직에 어떻게 기여하는지'를 자연스럽게 깨닫게 됩니다. 이때 직원들은 더 이상 단순한 업무 수행자가 아닌 주도적으로 문제를 해결하는 주체로 변모합니다. 그리고 그 과정에서 발생하는 실패나 실수를 두려워하지 않습니다. 오히려, 그 실패는 더 나은 방식을 찾는 여정이 됩니다. 누군가가 실패했을 때, 조직은 이를 교정하는 기회로 삼고, 함께 해결책을 찾으며 유연하게 대응합니다.

그리고 무엇보다 중요한 것은, 조직의 모든 구성원이 각자의 자리에서 빛날 수 있는 환경을 만들어낸다면, 그들의 작은 성공이 모여 결국 큰 성과로 이어질 것이란 점입니다. 이럴 때 구성원들은 자신의 일이 조직 전체의 큰 그림과 어떻게 맞물리는지 이해하고, 이로 인해 자신감을 얻습니다.

결국, 조직의 성공은 외부 환경에 맞서 싸우는 것이 아니라, 내부의 역동성과 협력을 통해 만들어집니다. 이러한 흐름 속에서 기업들은 계속해서 새로운 기회를 찾고, 도전과 실패를 넘어 지속 가능한 혁신을 이뤄나가고 있습니다. 성공적인 기업의 내부 움직임을 더욱 자세히 들여다보면, 그 안에는 일정한 조직의 역학이 작용하고 있음을 알 수 있습니다. 구성원들이 각자의 역할을 인식하고 창의적으로 문제를 해결하는 방식, 그리고 실패를 포용하는 문화를 만들어가는 과정에는 그들만의 특별한 원리가 숨어 있습니다.

그렇다면, 이러한 조직의 역학은 어떻게 작동하며, 이들이 실질적인 성과를 내는 데는 어떤 역할을 하고 있을까요?

Ch2
성장하는 조직의
5가지 비밀 코드

비전 정렬, 한 목표에 대한 뚜렷한 공감

전통 제조업에서 출발한 대한민국의 S 기업은 2020년대 후반에 디지털 트랜스포메이션으로 대변되는 대변혁을 겪고 있는 상황에서 비전 공유의 중요성을 절실히 깨달았습니다. 이에 S 기업은 구성원들이 회사의 비전을 나의 목표로 받아들이게 하는 방법에 대해 고민했습니다. 연말 비전 워크숍을 통해 모든 직원이 회사의 장기 목표와 전략을 이해하게 만들고, 매월 팀별로 비전 조정 회의를 진행하며 개인의 목표와 비전이 일치되도록 했습니다. 이 과정을 통해 S 기업은 비전이 공유된 조직이 얼마나 강력하게 움직일 수 있는지를 체감하게 되었습니다.

비전이 명확하게 공유된 조직에서는 구성원들이 각자의 역할과 책임을 자연스럽게 인식하게 됩니다. 팀원들은 더 이상 주어진 일만 처리하는 것이 아니라, 회사의 큰 그림 속에서 자신이 해야 할 일을 스스로 정의하기 시작합니다. S 기업의 마케팅 팀장은 "이전에는 단순히 제품 판매가 우리의 역할이라 생각했지만, 지금은 회사가 나아가고자 하는 방향에 기여할 수 있는 방안을 스스로 찾게 되었다"고 말합니다. 마케팅팀은 이전보다 25% 이상 높은 판매 성과를 기록하며 괄목할 만한 성장을 이끌어 냈습니다. 이처럼 비전과 역할의 명확한 조화는 조직을 효율적으로 움직이게 만드는 원동력입니다.

혁신 행동, 변화를 주도하는 실행력

2014년에 설립된 스마트 농업기업 N 기업은 창업 초기 수많은 실패를 겪었음에도 이를 발판으로 삼아 꾸준히 성장해 왔습니다. 이들의 문화에서 가장 중요한 것은 '실패를 통해 무엇을 배울 수 있는지'에 대한 질문이었습니다. 예를 들어, TF 팀은 특정 프로젝트를 시작하기 전, 한데 모여 '우리가 이 프로젝트를 통해 얻고 싶은 건 무엇인가?'를 규정합니다. 프로젝트를 마치고 나서는 '우리가 프로젝트를 통해 얻은 것은 무엇인가?'를 정리합니다. 프로젝트 착수 전 기대사항을 정리해 두고, 프로젝트를 마무리한 뒤 얻게 된 것을 정리해 보면 이 둘 사이에는 반드시 간극(Gap)이 생기기 마련입니다. 그러므로 마지막에는 어디서 간극이 발생했고, 왜 발생했는지를 구조적으로 분석합니다. 이때는

되도록 '외부위협요인(External Threat Factor)'보다는 '행동요인(Behavior Factor)'에 초점을 맞추어 원인을 분석합니다. 프로젝트 수행 전후에 이런 절차를 거친다면, 다음 시행에서 무엇을 중요시해야 하며, 무엇을 중단해야 하는지에 대한 관련 지식을 도출해낼 수 있습니다. 잘 정리된 지식은 새로운 사람이 오더라도 비슷한 프로젝트를 성공적으로 마무리할 수 있게 하는 회사의 고유지식으로 자리잡게 됩니다.

  N 기업의 혁신적인 성장은 사소하지만, 집요한 질문들에서 시작되었습니다. 그들은 실패를 단순히 좌절로 받아들이는 대신, 성찰의 기회로 삼아 매번 부족한 점을 개선하였습니다. 초기 제품이 기대만큼의 성능을 발휘하지 못했을 때도, 그들은 고객의 피드백을 다각도에서 분석하고, 데이터 기반의 문제 해결을 위해 기술팀들과 협력했습니다. 그 결과, 기존의 한계를 극복할 수 있는 업그레이드된 스마트팜 솔루션을 개발하게 되었습니다.

  특히 N 기업은 실패를 학습 과정으로 전환하는 데 매우 능숙했습니다. 한 예로, 초기 개발된 센서 시스템은 실시간 데이터를 정확하게 수집하지 못하는 문제가 있었습니다. 하지만 기업의 구성원들은 이 실패를 기반으로 새로운 기술을 도입하고, 더 나은 하드웨어와 소프트웨어의 결합을 통해 데이터 수집의 정확성을 40% 이상 개선했습니다. 이러한 끊임없는 개선이 바로 그들이 혁신을 지속할 수 있었던 원동력이었습니다.

  이것이 바로 혁신 행동의 시초가 되는 것입니다. 개인에게 능동적 직무 수행 능력을 키워주고, 직무 도전성을 높여주는 이 작업을 구조적으로 만들어버린 것입니다. 그들의 조직문화는 '어떻게 해야 실패를 극복하고 더 나은 결과를 만들어낼 수 있을까?'를 항상 고민하게 했으며, 이 과정에서 직원들은 도전 정신을 잃지 않고 매번 새로운 솔루션을 탐색했습니다. 실패가 두렵지 않은 환경을 가지고 있었던 N 기업은 직원들에게 창의적 자유를 제공하고, 이들이 스스로 더 나은 방법을 찾도록 독려하였습니다. 이처럼 N 기업의 혁신 행동은 실패를 받아들이고, 이를 발판으로 삼아 다음 단계로 나아가는 능력에 바탕을 두고 있었으며, 이를 통해 N 기업은 스마트 농업 시장에서 글로벌 리더의 자리에 우뚝 설 수 있었습니다. 혁신 행동은 비단 IT기업에게만 중요시되는 요인이 아닙니다. 전통산업군에 있는 기업에도 반드시 구축되어야 할 시스템입니다.

지원적 리더십, 성장을 위한 피드백과 지원

식품유통회사인 W 기업은 한때 성장세를 타고 있었지만, 급격한 시장 변화와 내부 혼란으로 어려움을 겪기 시작했습니다. 당시 W 기업은 기술적으로는 뛰어났지만, 내부적으로는 직원들의 사기가 저하되고, 프로젝트 진행에 있어 의사소통의 단절이 발생하며 성과가 급격히 떨어졌습니다. 기존 리더들은 전통적인 방식으로 문제를 해결하려 했지만, 새로운 직원들은 지시를 따르는 데 점점 더 지쳐갔고, 자율성과 창의성이 억제된 환경 속에서 소진(Burn-out) 상태에 빠져들었습니다.

어떤 솔루션이 최선일지 확신하지 못한 채 그들이 먼저 시작한 것은 정기적인 1:1 대화였습니다. 팀 리더와 직원들은 정기적으로 만나 프로젝트 진행 상황뿐 아니라, 개인적인 어려움과 성장 목표에 대해 자유롭게 논의하는 시간을 가졌습니다. 짧게는 5분에서 길게는 1시간까지 업무 시간 동안 아주 사적이면서도 공적인 '잡담'을 이어갔습니다. 초기에는 사내 인트라넷에 "직원들이 업무 시간에 노는 것 아니냐" 하는 내부 컴플레인도 올라왔습니다. 하지만 시간이 지나면서는 모두가 자신들의 목소리가 팀 및 전사에 반영되는 것을 느끼게 되었습니다.

그 예로, 초기 개발 프로젝트에서 한 직원이 낸 아이디어는 지속적인 자원 부족을 이유로 무산될 뻔했습니다. 하지만 리더 미팅을 통해 추가 자원을 요청했고, 이를 통해 프로젝트가 성공적으로 마무리될 수 있었습니다. 이는 단순한 물리적 자원의 제공을 넘어, 직원들이 스스로 문제를 해결할 수 있는 환경을 제공했다는 점에서 매우 중요한 전환점이 되었습니다.

리더들은 더 이상 구성원들을 통제하는 방식이 아닌, 그들이 최상의 성과를 낼 수 있도록 지원하는 방식을 채택했습니다. 팀 리더들은 실질적인 업무 진행 상황보다는 구성원들이 겪는 어려움과 개인적인 성장 목표에 더 많은 관심을 기울였고, 이는 곧 성과로 이어졌습니다. 직원들은 회사를 향해 "더 이상 나를 단순히 일하는 기계로 보지 않고, 내가 하는 일에 대한 가치를 존중해 주는구나"라는 신뢰감을 갖게 되었고, 그 결과 자발적인 몰입과 창의적인 아이디어가 활발히 나오기 시작했습니다.

이러한 변화는 W 기업 전체에 걸쳐 새로운 조직 문화를 만들어냈습니다. 이제 W 기업은 과거의 단순 지시형 리더십을 넘어, 구성원들의 목소리를 듣고 그들의 도전과 어려움을 존중하는 환경을 제공하게 되었습니다. 그 결과 W 기업은 시장에서 자신만의 영역을 굳건히 다졌고, 시장에서의 확장 또한 성공적으로 이루어냈습니다. 뿐만 아니라 내부적으로는 높은 직원 만족도는 물론이고 대내외적으로도 잘 알려져 'MZ들이 일하고 싶어 하는 기업'이 되었습니다.

심리적 안전감,
자유롭게 도전하고 실패할 수 있는 학습 문화

2012년에 설립된 M 기업은 뷰티 제품 유통 플랫폼으로 빠르게 성장했지만, 창업 초기 내부적으로 큰 도전에 직면했습니다. 급속한 성장세에 발맞춰 더 많은 혁신을 이루고자 했지만, 직원들에게는 자신들의 아이디어가 비판받거나, 실수를 하면 불이익을 당할 수 있다는 두려움이 있었습니다. 리더의 마음에 든 아이디어를 냈을 때만 환영받는 분위기 속에서 조직 내 창의성은 점차 억제되었고, 회사의 성장 속도 역시 둔화되기 시작했습니다.

이에 M 기업은 의사소통 방식을 바꾸기 위해 '익명 피드백 시스템'을 도입했습니다. 익명으로 의견을 낼 수 있게 하면 직원들이 비판과 거절에 대한 두려움 없이 자유롭게 의견을 내놓을 것이라고 기대했던 것입니다. 하지만 직원들은 여전히 자신의 의견을 제시하는 데 소극적인 경향을 보였습니다. 이 방식만으로는 충분한 변화를 이끌어낼 수 없었습니다.

전환점은 예상치 못한 시도에서 찾아왔습니다. M 기업의 한 중간관리자가 '비난 없는 회의 문화'를 실험하기 시작한 것입니다. 회의에서 나오는 모든 의견을 일단 비판 없이 받아들이기로 했고, 그 아이디어들이 즉각적으로 실행에 옮겨지지는 않더라도, 모두가 자유롭게 발언할 수 있는 '골든룰'을 만든 것입니다. 처음에는 이 새로운 방식의 효과에 대한 의구심을 가진 목소리들이 많았지만, 시간이 지나면서 직원들은 점점 더 자신의 목소리를 내기 시작했습니다.

특히, 한 신입 직원이 신규 뷰티 제품 라인업에 대한 획기적인 아이디어를 제시했을 때, 처음에는 그 아이디어가 회사 내부에서 다소 의아하게 받아들여졌지만, 비난 없이 열린 마음으로 논의되었습니다. 결과적으로 그 아이디어는 M 기업의 다음 신제품 개발 프로젝트에 큰 영향을 미쳤고, 이로 인해 침체되어 있던 매출이 크게 증가했습니다. 이러한 사례를 통해 직원들은 자신의 아이디어가 실제 실행으로 이어지는 경험을 하게 되었고, 점차 더 많은 아이디어를 내놓기 시작했습니다.

M 기업은 새로운 시도는 여기서 멈추지 않았습니다. 한 발짝 더 나아가서 실수를 긍정적으로 받아들이는 '실수 환영 시스템'을 도입했습니다. 직원들이 실수를 했을 때 이를 질책하는 대신, 그 실패에서 무엇을 배울 수 있는지를 논의하고, 팀 전체가 함께 해결책을 찾는 문화를 만든 것입니다. 이러한 문화가 자리를 잡으면서, 직원들은 실패를 두려워하지 않고 창의적으로 도전할 수 있게 되었습니다. 한 팀은 특정 소프트웨어 업데이트에서 실수를 범했지만, 그 실수를 교훈 삼아 다음 프로젝트에서는 매출을 30% 이상 끌어올리는 성공을 거두었습니다.

M 기업은 단순히 실수에 대한 허용을 넘어, 직원들이 스스로 도전할

수 있는 심리적 안전감을 구축한 회사로 자리 잡았습니다. 이로 인해 직원들은 실수를 성장의 과정으로 인식하고, 회사는 이를 통해 지속적인 혁신을 이루어내고 있습니다. M 기업의 이러한 성공은 심리적 안전감을 기반으로 한 조직 문화가 얼마나 중요한지를 보여줍니다. 직원들이 자유롭게 발언하고 도전할 수 있는 환경이 만들어질 때, 회사는 외부적인 성장뿐 아니라 내부적으로도 강력한 혁신의 동력을 가지게 되는 것입니다.

업무 효능감, 무엇이든 해낼 수 있다는 자기 확신

2014년 설립된 V 기업은 인공지능 기술을 선도하는 대한민국의 대표 중소기업 중 한 곳입니다. 초기에는 프로젝트 관리와 자원 배분에서 어려움을 겪으며 직원들이 자신의 업무에 몰입하지 못하는 문제가 있었습니다. 직원들은 자신이 맡은 역할이 조직 전체에 어떻게 기여하는지 명확히 인식하지 못했고, 성과는 지지부진했습니다.

이에 대한 V 기업의 첫 번째 해결책은 '팀장 중심의 관리 강화'였습니다. 팀장이 팀 성과에 주도권을 가지고 프로젝트 예산을 확보한 후 일을 기획해 나갈 수 있도록 권한을 부여한 것입니다. 이를 계기로 원래도 열심히 일하고 있던 팀장들은 주말도 반납하고 업무에 더욱 매진하였습니다. 하지만 팀원들은 작성해야 될 보고서 양만 늘어나게 되었습니다. 이에 팀원들은 더 큰 부담만 느낄 뿐 주도적으로 일할 기회를 갖지 못했고, 성과 역시 제자리걸음이었습니다.

전환점은 한 팀의 리더가 바쁘다는 핑계로 팀원에게 자율성과 권한을 위임하면서 찾아왔습니다. 그는 각 팀원이 스스로 프로젝트를 계획하고 실행할 수 있도록 맡겼습니다. 자율성이 주어지자 직원들은 더 많은 책임을 느끼고, 스스로 문제를 해결하려는 몰입감이 생겨났습니다. 그러자 팀장뿐만 아니라 일부 팀원들까지도 자발적으로 주말에 출근해 일에 매진했습니다. 한 개발자는 AI 기반 의료 영상 분석 시스템을 개선하는 아이디어를 제시하고 주도적으로 실행해, 예상보다 짧은 시간 안에 큰 성과를 냈습니다. 이야기를 들어보니, 대학생 때 비슷한 프로젝트로 공모전에 수상한 경험이 있었고, 코드의 응용력만 약간 수정하면 충분히 해볼 만하다는 생각을 가졌다는 것입니다.

  이 일을 계기로 V 기업은 역량 있는 팀원들에게 스스로 책임감을 가지고 문제를 해결할 수 있는 자율적 업무 환경을 만들어내며, 직원들이 자신의 업무에서 직접적인 성취감을 느끼게 했습니다. 이러한 변화는 직원들이 더 큰 목표를 향해 몰입할 수 있게 했고, 회사는 혁신적인 기술을 빠르게 발전시킬 수 있었습니다.

Ch3

조직의 성장을 이끄는 새로운 기준을 제시하다

조직역동성, 조직을 이끄는 핵심 코드

　조직의 목표 달성과 성과창출은 명료한 지시와 수행보다 조직의 역동성에 달려있습니다. 팀이 얼마나 잘 소통하고 혁신을 추구하며, 직원들이 자신의 역할을 이해하고 몰입하는지에 따라 성과는 달라질 수 있습니다. 조직 역동성을 키우는 것이 목표 달성의 숨겨진 열쇠입니다.

　조직역동성은 조직 내의 비전 정렬, 혁신 행동, 지원적 리더십, 심리적 안전감, 업무 효능감이 상호작용하여 조직을 유기적으로 움직이게 하는 동력을 의미합니다. 이는 조직이 목표를 향해 효과적으로 움직이고, 변화하는 환경에 유연하게 적응할 수 있도록 하는 핵심적인 조직 특성입니다. 조직역동성은 이 다섯 가지 요소가 서로 조화를 이루며 조직 전체가 유기적으로 운영되도록 함으로써, 조직이 변화와 도전에 효과적으로 대응하고 지속 가능한 성장을 이룰 수 있게 합니다.

조직역동성의 5가지 핵심 요소

비전 정렬(Vision Alignment)이란, 조직의 비전과 목표가 직원들에게 명확하게 전달되고, 직원이 자신의 역할과 책임을 인식하여, 이를 바탕으로 조직 목표 달성에 기여하는 상태를 의미합니다. 비전 정렬은 비전 통합(Vision Integration)과 목표 명확성(Goal Clarity)이라는 두 가지 하위요인으로 구성되어 있습니다. 먼저 비전통합은, 조직의 비전과 목표를 구성원들이 얼마나 일관되게 이해하고 공유하는지 평가하는 요소입니다. 비전 통합이 잘 이루어질수록 구성원들은 조직의 목표에 맞춰 자신의 역할과 책임을 명확히 인식합니다. 목표 명확성은, 조직의 목표가 명확하고 이해하기 쉽게 설정되었는지 평가합니다. 목표 명확성이 높은 조직은 직원들이 자신의 업무에 집중하며, 효율적으로 목표를 달성합니다. 목표 명확성을 진단할 수 있는 대표 문항으로는 '나는 조직 비전을 다른 사람에게 설명할 수 있다', '나는 이번 분기에 집중해야 될 나의 목표가 무엇인지 알고 있다' 등이 있습니다.

혁신 행동(Innovative Behavior)이란, 직원들이 도전적 목표를 설정하고, 이를 달성하기 위해 창의적 접근과 능동적 행동을 발휘하여 문제를 해결하려는 적극적인 행동방식을 의미합니다. 혁신 행동은 직무 도전성(Job Challenge)과 능동적 직무수행(Proactive)이라는 두 가지 하위 요인으로 구성되어 있습니다. 직무 도전성은, 직원들이 자신의 직무에서 도전감을 느끼고 있는지, 도전적인 목표를 설정하여 업무에 몰입할 수 있는 환경이 조성되어 있는지를 평가합니다. 능동적 직무수행은, 직원들이 자발적으로 업무를 수행하고, 새로운 아이디어나 방법을 제시하는지 평가합니다. 능동적 직무수행은 조직의 창의성과 생산성을 높이는 중요한 요소입니다. 이를 진단할 수 있는 대표 문항으로는 '나는 역량대비 120% 이상의 목표를 가지고 있다', '나는 일을 수행하기 위해 필요한 자원을 적극적으로 요청할 수 있다' 등이 있습니다.

지원적 리더십(Supportive Leadership)이란, 리더가 팀원의 감정적 필요를 이해하고, 업무 수행에 필요한 자원과 도구를 제공하며 정기적이고 건설적인 피드백을 통해 팀원들의 업무 역량을 향상시키는 리더십 스타일을 의미합니다. 지원적 리더십은 공감적 경청(Facilitative Empathy)과 교정적 피드백(Corrective Feedback)이라는 두 가지 하위요인으로 구성되어 있습니다. 공감적 경청은, 리더와 팀원들이 서로의 의견을 얼마나 잘 경청하고 이해하려는 노력을 기울이는지를 평가합니다. 이는 팀원들 간의 신뢰를 강화하고 원활한 의사소통을 촉진합니다. 교정적 피드백은 리더가 구성원들에게 구체적이고 도움이 되는 피드백을 제공하여 업무 성과를 개선시키는지를 평가하는 요소입니다. 이는 직원들의 성장과 발전을 위한 필수 요소입니다. 이를 진단할 수 있는 대표 문항으로는 '리더는 내가 주로 어떤 일에서 어려움을 겪고 있는지 알고 있다', '리더는 내 업무 성과를 높이기 위해 구체적인 피드백을 제공한다' 등이 있습니다.

심리적 안전감(Psychological Safety)이란, 실수를 용납하고 학습하는 문화를 통해 직원들이 자유롭게 의견을 표현하여 도전에 적극적으로 참여할 수 있는 상태를 의미합니다. 심리적 안전감은 개방적 소통(Freedom of Expression)과 관용(Tolerance)이라는 두 가지 하위요인으로 구성되어 있습니다. 개방적 소통은 조직 내에서 구성원들이 자유롭게 의견을 나누고, 상사와 동료들 간의 커뮤니케이션이 원활하게 이루어지는지를 평가합니다. 개방적 소통은 협력과 문제 해결 능력을 향상시키는 중요한 요소입니다. 관용은 조직 내에서 서로의 실수나 다양한 의견을 받아들이고 용인하는 문화가 얼마나 잘 조성되어 있는지를 평가합니다. 관용이 높을수록 팀 간 협력과 신뢰가 강화됩니다. 이를 진단할 수 있는 대표 문항으로는 '나는 상사와 업무 견해가 다를 때 다른 의견을 제시할 수 있다', '우리 팀은 실수를 극복할 수 있는 기회를 제공한다' 등이 있습니다.

업무 효능감(Work Efficacy)이란, 직원들이 자신의 일에 몰입하고, 주어진 일과 결과에 대해 책임감을 가지며, 특정 일을 성공적으로 수행할 수 있는 자신의 능력에 대한 믿음의 정도를 의미합니다. 업무 효능감은 직무 몰입(Job Engagement)과 책임감(Responsibility)이라는 두 가지 하위요인으로 구성되어 있습니다. 직무 몰입도가 높은 직원은 자신의 업무에서 의미와 만족감을 느끼며, 시간 가는 줄 모르고 열정적으로 업무를 수행합니다. 책임감은 직원들이 자신의 업무에 대해 책임감을 가지고, 결과에 대한 주도적인 태도를 유지하는지를 평가합니다. 책임감이 높으면 조직의 목표 달성과 성과가 극대화됩니다. 이를 진단할 수 있는 대표 문항으로는 '나는 높은 수준의 결과물을 추구한다', '나는 반드시 기한 내에 일을 완수한다' 등이 있습니다.

왜 조직역동성인가?

과거에는 조직 운영이 비교적 간단했습니다. 리더가 방향을 설정하고, 직원들이 지시에 따라 움직여도 조직은 어느 정도 성장을 이룰 수 있었습니다. 그러나 지금 기업들은 매일매일 변화하는 시장에 대응해야 합니다. 시장을 선두해야 할 때도 있으며, 때론 고객도 감지하지 못한 니즈를 포착하여 해결점을 제시해야 합니다. 신제품 개발, 트렌드에 맞는 서비스, 고객 요구에 맞춘 대응 등 이 모든 것들을 시의적절하게 수행하려면 조직 전체가 유기적으로 움직여야 합니다.

조직역동성 점수는 개인과 조직의 계기판과 같은 것입니다. 일정 수치를 가리키고 있어야 순항에 필요한 필요충분조건을 갖추었다고 보는 것입니다. 기업의 비전과 개인의 목표가 얼마나 잘 정렬되어 있는지, 직원들의 직무 도전성은 어떠한지, 팀장들은 직원들의 역량을 100% 이상 끌어내어 주고 있는지, 직원들이 마음껏 성장할 수 있는 장(Field)을 만들어주고 있는지, 직원들에게 월요병은 없는지 등을 다각적으로 측정하고 진단해줍니다.

지난 24년간 가인지컨설팅그룹은 약 4,300개 기업들의 교육과 컨설팅을 진행해오며, 조직 내 5가지 요소를 발전시킬 때 조직이 성장한다는 것을 관찰했습니다. 조직역동성은 조직이 생존을 넘어 진정한 성장을 이루기 위해 꼭 필요한 다섯 가지 핵심 요소를 한 번에 진단해주는 시스템입니다. 문제를 찾고, 조직의 흐름을 바꿔 성과를 내는 데 필요한 전략적 힘이자, 경영자와 리더 그리고 직원들의 막막함을 해결하는 중요한 나침반 역할을 수행할 것입니다.

— CODE #1. —

달려갈 목적지를 분명히 하는,
비전정렬

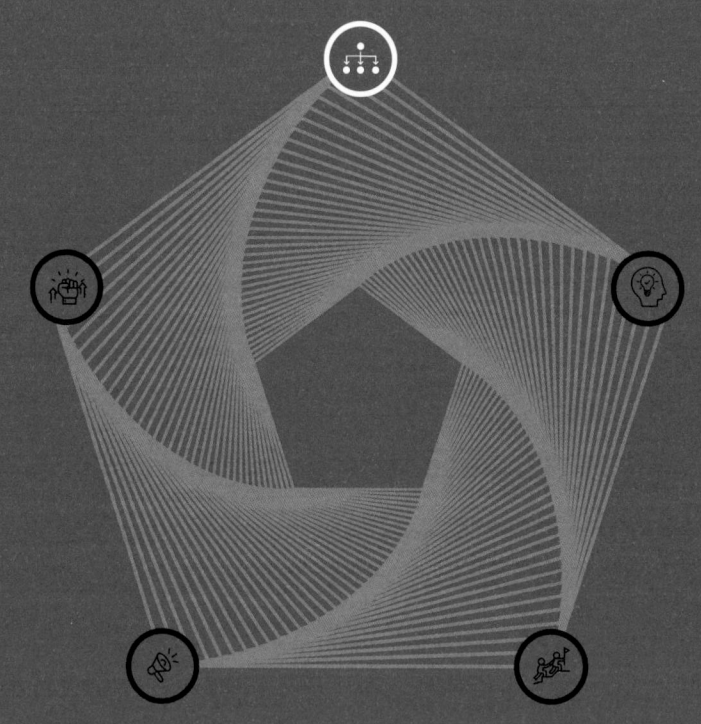

— Vision Alignment —

Ch1. 비전없는 조직은 아무리 뛰어도 제자리 걸음

Ch2. 그 말을 하기 지겨워질 즈음, 사람들이 듣기 시작한다

Ch3. 목표를 얼라인 하지 않으면 배가 산으로 간다

Ch4. 단 하나의 행동, 비전 달성의 열쇠

Ch5. 비전을 모두가 즐기는 문화로

— Ch1 —

비전 없는 조직은
아무리 뛰어도 제자리 걸음

우리 코스닥 상장할 거예요

"우리 코스닥 상장할 거예요!" 약 60명 규모의 화장품 ODM/OEM 회사가 B 기업의 사명과 비전, 핵심가치를 수립하는 비전 워크숍 시간에 발표한 내용입니다. B 기업은 이런 비전을 그저 워크숍 때의 발표한 번으로 멈추지 않았습니다. 실제로 B 기업은 비전을 세운 지 불과 2년 만에 코스닥 상장에 성공했습니다. 또한 쾌적한 근무환경을 상상하며 꿈꾸던 신사옥을 설립하는 쾌거를 이루게 됩니다. 신사옥의 층별 구성은 함께 그렸던 비전차트 그림과 매우 유사했습니다. B 기업의 경영자는 비전을 달성한 비결에 대해 다음과 같이 이야기했습니다. "직원들이 비전 워크숍 때, '코스닥 상장을 할 거예요'라고 발표했습니다. 그래서 코스닥 상장을 위해 전문가와 미팅을 진행했습니다. 그 미팅이 코스닥 상장의 시작이었죠."

  B 기업은 신사옥을 수립할 때, 계단과 사옥 벽 곳곳에 달성한 비전, 새롭게 꿈꾸는 비전을 부착하여 눈에 띄게 만들었습니다. 중요한 고객이나 바이어가 사옥에 방문할 때는 엘리베이터로 이동하지 않고 계단으로 안내했습니다. 계단에 부착된 비전 목표를 보여주며, 우리가 어떤 비전을 꿈꿔 왔는지, 어떻게 그 비전을 달성해왔는지, 앞으로 어떤 비전을 꿈꾸는지 설명합니다. 그 설명을 들은 고객과 바이어는 기업에 대한 신뢰를 더욱 굳힙니다.

표류하고 있는가 항해하고 있는가

- 우리 기업은 왜 존재합니까?
- 우리 기업은 어디로 가고 있습니까?
- 우리 기업은 어떻게 행동할 것입니까?
- 우리 기업의 핵심적 기술이나 노하우는 무엇입니까?

  이 질문에 대답할 수 있다면 목표를 둔 항해를, 대답할 수 없다면 그저 떠다니는 표류를 하고 있는 것입니다. 어떤 조직이든 목표를 향해 나아갈 때 중요한 것은 '방향성'입니다. 아무리 빠르게 달린다고 하더라도 어디로 가고 있는지 모르면 제자리걸음을 하고 있는 것과 다르지 않습니다. 경영학의 아버지로 불리는 피터 드러커는 자신의 저서 『매니지먼트』에서 "비전과 미션이 없을 경우 조직이 경로를 잃고 표류하게 된다"고 지적했습니다. 기업을 경영한다는 것은 곧 목표에 의한 경영을 하는 것입니다.

피터 드러커의 또다른 저서인 『성과를 향한 도전』에서도 '조직이 존재하는 목적은 고객가치 창출'이라고 이야기합니다. 고객에게 가치 있는 것을 제공하는 것이 기업의 존재 이유라는 의미입니다. 앞의 4가지 질문에 답할 수 있다면 우리 조직의 고객이 누구인지, 고객에게 어떤 가치를 제공할 것인지 정의할 수 있게 되며 이는 곧 항해의 종착점이 될 것입니다.

1992년 하버드 경영대학원의 연구 결과에 의하면 가치가 명확한 기업은 그렇지 않은 기업에 비해 수익이 4배 높고, 주가는 12배 높으며, 일자리 창출 비율이 7배, 이윤 실적이 7.5배 높다고 합니다.[3] 기업이 중요하게 여기는 가치를 명확히 수립하는 일은 목표에 의한 경영을 하게 하고 기업이 존재하는 목적을 설명할 수 있게 도와줍니다. 더 나아가 더 많은 수익을 내는 효과까지 얻게 합니다.

항해하는 자에게 필요한 나침반, CCMV

표류가 아니라 명확한 목표 지점을 정하고 달려가는 항해를 하고자 마음먹었다면 방향을 알려주는 나침반이 필요합니다. 나침반이 잘 작동하는 배는 어떤 파도와 풍랑이 와도 흔들리지 않고 나침반이 가리키는 방향을 따라 앞으로 나아갈 수 있습니다. 그렇지만 나침반이 없는 배는 작은 바람에도 흔들리며 방향을 틀고 싶은 유혹에 빠질 수 있습니다. 이런 나침반의 역할을 감당하는 것이 바로 CCMV입니다.

핵심가치(Core Value):
우리 기업은 어떻게 행동할 것입니까?

핵심가치는 우리 조직이 가장 중요하게 생각하는 것, 죽음과 같은 위기의 순간에도 지켜야 할 신념, 선택의 순간에 우선순위가 되는 것을 의미합니다. 핵심가치는 가치를 정하는 것만큼이나 그 가치를 실제로 수호하는 것이 중요합니다. 가치를 수호하여 지켜 행할 때 비로소 그 가치가 기업의 정체성이 됩니다.

핵심가치를 잘 지켜 행하는 기업으로는 파타고니아, 애플 등이 있습니다. 파타고니아의 핵심가치는 환경보호, 애플의 핵심가치는 혁신입니다. 각 기업을 떠올릴 때 환경보호와 혁신이라는 이미지가 떠오르지 않습니까? 두 기업은 핵심가치를 잘 지켜 행하여, 기업의 정체성을 굳건히 한 케이스라고 볼 수 있습니다.

핵심역량(Core Competencies):
우리 기업의 핵심적 기술과 노하우는 무엇입니까?

핵심역량은 기업의 장기적인 성장을 위해 고객 가치에 기여하는 기능이나 지식의 덩어리를 의미합니다. 기업이 핵심역량을 갖고 있다는 것은 단순히 기업의 대표적 제품이나 서비스를 의미하는 것이 아닙니다. 경쟁자에 비해 훨씬 우월해 누군가가 쉽게 모방하지 못하는 우리 기업만의 핵심 능력을 말합니다.

고릴라글라스의 제조회사인 코닝의 유리제조기술이 가장 먼저 떠오릅니다. 코닝은 무려 고종이 탄생한 1852년보다 1년 앞선 1851년에 설립된 기업입니다. 코닝은 1879년에 에디슨이 백열전구를 발명하며, 유리구를 제작했습니다. 유리 기술로 TV 브라운관을 개발하며 한때는 전성기를 누렸지만, 경쟁사의 등장으로 매출이 감소하게 됩니다. 이에 기업의 핵심역량인 유리 제조 기술에 집중하여 광섬유 광케이블 연구에 자금과 투자를 확대한 결과 고릴라글라스를 개발하고 마침내 스티브 잡스가 아이폰 커버를 의뢰하는 성과를 얻게 됩니다.

핵심역량은 상품이나 서비스 경쟁력에 지속적으로 영향을 미칩니다. 핵심역량을 구축하는 것에는 많은 시간과 투자가 필요하고, 어느 부분에서는 위험도 존재합니다. 그러나 기업의 핵심역량은 사업의 포트폴리오 다각화를 만드는 뿌리 역할을 하며, 치열한 경쟁 상황에서 시장 진입의 강력한 장벽으로 활용됩니다.

사명(Mission): 우리 기업은 왜 존재합니까?

사명은 우리 조직이 이 세상에 존재하는 이유입니다. 대부분의 사람들에게 "기업은 왜 존재합니까?"라는 질문을 던지면 백발백중 이런 답이 돌아옵니다. "이윤 창출입니다." 즉, 돈을 벌기 위해서라는 겁니다.

그러나 경영학의 아버지라 불리는 피터 드러커는 기업이 존재하는 목적을 일컬어 '고객가치창출'이라고 설명했습니다. 그렇다면 이윤은 어떤 의미를 지니는 걸까요? 이윤은 목적이 달성되면 따라오는 결과라고 보면 됩니다.

기업의 사명을 잘 보여주는 사례로 교보를 들 수 있겠습니다. 교보는 교보생명, 교보증권, 교보문고라는 3개의 브랜드로 구성되어 있습니다. 그중 교보문고는 2년 연달아 영업 손실을 기록하며 적자를 내면서도 계속 운영되고 있습니다. 신용호 교보 창업자는 "돈은 교보생명으로 벌고 사회 환원은 서점으로 하겠다"는 경영 모토를 가진 것으로 유명합니다. 교보문고의 5대 운영지침 중 '책을 한 곳에 오래 서서 읽는 것을 절대 말리지 말고 그냥 둘 것', '책을 앉아서 노트에 베끼더라도 말리지 말고 그냥 둘 것'이 있습니다. 이는 교보문고의 '사람은 책을 만들고 책은 사람을 만든다'라는 사명을 그대로 반영한 지침입니다.

비전(Vision): 우리 기업은 어디로 가고 있습니까?

비전은 조직이 도달해야 하는 종착지이며 함께 공유할 미래의 꿈과 희망, 상상도를 의미합니다. 이랜드는 1980년 이화여대 앞에서 작은 보세 옷가게로 시작했습니다. 현재는 패션 브랜드의 '의', 외식 브랜드의 '식', 호텔 레저 브랜드의 '주', 백화점 및 아울렛의 '미', 테마시티의 '휴', 엔터테인먼트의 '락'의 6가지 분야로 사업 영역을 확대하고 다양한 해외 법인과 중국 직영 지사와 브랜드를 운영하고 있습니다. 작은 보세 옷가게에서 시작해서 마침내 다양한 영역으로 사업을 확대할 수 있었던 것은 이랜드가 갖고 있는 비전 때문이었습니다. 이랜드는 창립 30주년인 2010년, 2020비전으로 중국 패션 부문 매출 10조 원을 달성하겠다는 선언을 했습니다. 마침내 그 선언은 현실이 되어, 현재 이랜드는 2024년 패션 부문 중국 법인 매출으로 1조 원을 기록하고 있습니다.[4] 비전은 눈에 보이는 모습으로 직원들의 가슴을 설레게 하는 요소입니다.

구성원과 함께 만드는 비전하우스

가치체계인 CCMV가 한 눈에 들어오도록 작성할 수 있는 비전하우스 양식을 소개합니다. 비전하우스는 CCMV의 각 요소들이 합쳐져 집의 형태를 띄고 있습니다. CCMV의 각 요소들의 질문에 대한 답을 작성한 뒤, 비전하우스를 작성해보면 헷갈리던 요소들을 한 눈에 정리할 수 있습니다. [부록1. 비전하우스 참고]

2003년 IBM의 경영자 새뮤얼 팔미사노는 가치체계를 수립하기 위해 구성원들의 참여를 이끌어냈습니다. 구성원들이 72시간 동안 새로운 IBM의 핵심가치에 대한 생각을 공유할 수 있는 밸류잼을 실시했습니다.[5] 당시 밸류잼에는 32만 명의 임직원 중 70% 이상이 참여하고 1만 개가 넘는 아이디어가 새로운 핵심가치 수립에 사용되었습니다. IBM의 경영자가 많은 시간을 들여 구성원의 생각을 질문했던 이유는 직원들의 참여와 의견이 반영되지 않은 핵심가치는 그저 공허한 외침에 지나지 않는다는 것을 잘 알고 있었기 때문입니다.

  비전하우스의 최종 결정은 경영진의 손에 달려있습니다. 그러나 비전하우스에 대한 아이디어를 논의하는 것은 구성원들과 함께 하는 것이 좋습니다. 비전하우스가 경영자에 의한 일방적인 방식, 즉 Top-down 방식으로 내려지면 직원들은 그 비전에 공감하지 못하고 오히려 반감을 내비칠 수 있습니다. 워크숍과 같은 직원 참여형 형태로 비전하우스를 수립할 때 회사의 비전이 직원들에게 자연스럽게 내재화될 수 있습니다.

— Ch2 —

그 말을 하기 지겨워질 즈음, 사람들이 듣기 시작한다

흑자전환, 흑자전환, 흑자전환

수원에 위치한 F&B 프랜차이즈 N 기업의 경영자는 2월 첫째 주, 전사가 모이는 자리에서 직원들에게 다음과 같은 질문을 던졌습니다. "이번 분기에 우리가 집중해서 해결해야 할 목표가 무엇일까요?" 안타깝게도 모든 직원은 조용한 침묵으로 답했습니다. 분명 올해가 시작되기 전 다 함께 경영계획을 수립하며 '흑자전환'이라는 원대한 목표를 정했습니다. 그런데 믿고 있던 팀장들까지도 눈치를 보며 대답하지 못하는 모습을 볼 때 N 기업의 경영자는 실망감을 감출 수 없었습니다.

경영자는 질문에 답변하지 못한 직원들을 보며 화가 났으나, 우선

그 마음은 뒤로 한 채 직원들이 답변하지 못한 이유를 치열하게 고민했습니다. 고민 끝에 놀라운 사실 하나를 발견하게 됩니다. 흑자전환에 대해 오랫동안 고민해왔지만 정작 전사 직원들은 흑자전환이라는 목표를 연초에 딱 1번 들은 것입니다. 이 사실을 깨달은 경영자는 목표 달성을 위해 기업의 목표, 즉 흑자전환에 대해 끊임없이 외치겠다는 다짐을 했습니다.

기존에 회사에는 매월 1회 리더진들이 모여 서로의 업무를 보고하는 시간이 있었습니다. 경영자는 이 시간을 전사가 함께 모이는 자리로 바꾸었고, 이때 경영자가 메시지를 전달하는 스피치 시간을 추가했습니다. 이러한 방식으로 몇 번이고 전사 목표와 관련된 메시지를 반복했습니다. 그랬더니 몇 명의 본부장이 경영자의 질문에 '흑자전환'이라는 답변을 하기 시작했습니다. 그전에는 목표조차 명확하게 알지 못하던 본부장들이 이젠 어떤 전략을 사용해야 할지 고민하기 시작했습니다. 그 결과, 그 해 3분기 때 그토록 원하던 흑자전환이라는 목표를 달성하게 되었습니다.

리더들마저도 우선순위를 모른다

경영자는 시간이 없습니다. 전사 직원 한 사람 한 사람을 만나서 이야기 나누기는 쉽지 않기에 보통 리더진들에게 우선순위를 강조하는 경우가 많습니다. 그런데 믿었던 리더들마저도 우선순위를 제대로 모르는 경우가 많습니다.

2015년 발표된 하버드 비즈니스 리뷰의 자료는 이러한 사실을 뒷받침합니다. 런던에 있는 한 전문 서비스 기업의 경영자는 매달 첫째 주에 경영진과 회의를 시작할 때, 그 해의 주요 전략 우선순위를 설명했습니다.[6] 그 후 직원 참여 설문 조사에서 조직의 우선순위를 알고 있냐는 질문을 던졌더니 전 직원의 84%가 조직의 최우선 순위를 명확히 알고 있다고 답변했습니다. 그러나 5가지의 전략적 우선순위를 설명해달라는 추가 설문에는 약 3분의 1도 안 되는 인원만이 5가지 전략적 우선순위 중 2개를 겨우 답변했습니다. 중간 관리자 중 약 50%에 해당하는 직원들은 1개만을 답변했습니다. 나머지 절반은 하나도 제대로 대답하지 못했습니다.

마이크로소프트의 의뢰로 진행된 포레스터컨설팅의 2022년 12월 조사에 따르면, 회사의 목표를 완전히 이해하고 있다고 답한 응답자의 비율은 약 39%밖에 되지 않았습니다.[7] 앞서 진행한 베인앤컴퍼니의 조사에서도 약 40%만이 회사의 전략과 핵심 목표를 이해하고 있다고 답했습니다.

전사가 동일한 곳을 바라보도록 싱크를 맞추는 타운홀 미팅

비전 정렬 요소에는 '비전통합'과 '목표 명확성'이 있습니다. 비전통합은 조직 내에서 비전이 일관되게 공유되어 구성원이 비전을 명확하게 이해하는 상태를 의미합니다. 목표 명확성은 조직의 목표를 명확히

비전 정렬 하위 요소간 점수 차이

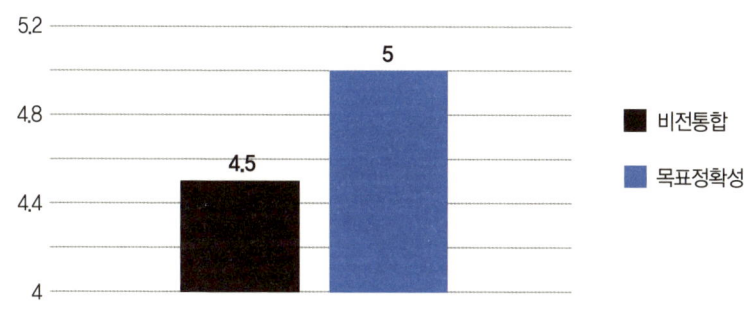

인지하고, 그 목표를 달성하기 위한 구체적인 계획과 방향을 이해하는 상태를 가리킵니다.

　대한민국 기업들의 비전정렬 지수 진단 결과를 보면 평균적으로 비전통합의 점수는 7점 만점에 4.5점, 목표 명확성의 점수는 7점 만점에 5점을 기록하고 있습니다. 구성원들은 비전통합보다 목표 명확성에 더 큰 점수를 준 것입니다. 목표는 비전에서 나오기에, 사실상 위의 진단 결과는 구성원들이 얼라인된 목표를 제대로 이해하지 못하고 있음을 시사합니다.

　리더가 메시지를 효과적으로 전달하기 위해서는 같은 메시지를 적어도 7번 이상 반복해야 한다고 합니다. 피터 드러커는 "리더는 구성원들이 자신이 무엇을 하고 있는지, 그 일이 왜 중요한지 인식하게 할

임무가 있다"고 말했습니다. 지겹게 느껴질지라도 직원들에게 일관되고 지속적인 메시지를 전달해 목표를 내재화할 수 있도록 돕는 역할은 매우 중요합니다.

경영자의 메시지를 지속적으로 전달하기 위해서는 정기적인 경영자 소통채널을 마련하는 것이 필요합니다. 경영자 소통채널이란 경영자가 직원들과 중요한 정보를 공유하고, 회사의 비전이나 목표를 전달하는 채널을 의미합니다. 경영자 소통채널은 전사를 대상으로 하는 타운홀 미팅, 리더진을 대상으로 하는 리더십 살롱, 주니어들의 의견을 듣고 수평적 소통을 하기 위한 주니어보드 등이 있습니다. 기업의 우선순위와 필요에 따라 다양한 방법으로 시도해볼 수 있지만 단연코 가장 먼저 권해드리는 것은 전사가 모이는 타운홀 미팅입니다.

타운홀 미팅은 전사가 한 자리에 모여 경영자가 우선순위와 조직의 방향성을 전달한 후, 직원들과 함께 이와 관련된 활동을 하는 시간입니다. 타운홀 미팅이 정기적으로 진행되면 경영자가 집중해야 할 목표를 강조하고 동일한 곳을 바라보도록 싱크를 맞추는 데 도움이 될 수 있습니다. 여러분의 기업에는 전사가 모이는 시간이 있습니까? 있다면 얼마나 자주 모입니까? 1년에 한 번 모일까 말까 하는 수준이라면, 직원들은 각자 자신이 좋을 대로 해석하고, 자기가 바라보고자 하는 방향성만을 향해 달려가고 있을 확률이 매우 높습니다. 하루빨리 타운홀 미팅 자리를 마련해야 합니다.

타운홀 미팅 쉽게 시작해서 제대로 정착시키는 법

타운홀 미팅을 시작해야겠다고 마음을 먹었다면, 다음의 3가지 방법을 참고하시기 바랍니다.

1. 타운홀 미팅을 통해 얻고자 하는 것을 작성하라

전사가 모이는 자리를 만드는 것은 결코 쉽지 않습니다. 얻고자 하는 것을 미리 작성해 두어야 소중한 시간을 허투루 쓰지 않을 수 있습니다. 타운홀 미팅을 통해 얻을 수 있는 것들은 다음과 같습니다. 지난 달 목표에 대한 피드백, 다음 달 목표 발표, 직원들과의 문화 활동, 대화하는 시간, 경영자 스피치, 회사 경영과 문화에 대한 질의응답, 공지사항 발표, 교육 등입니다. 타운홀 미팅을 진행하기 전 구성원들에게 타운홀 미팅의 목적에 대해 제대로 설명해준다면 변화에 대한 구성원들의 저항을 줄이는 데 도움이 될 수 있습니다.

2. 타운홀 미팅의 담당자를 선정하라

처음 타운홀 미팅을 진행할 땐 전담하여 맡을 담당자 혹은 팀이 있는 것이 좋습니다. 통상적으로는 기업의 복지와 구성원들의 업무 환경을 담당하고 있는 인사팀에서 맡아 진행하는 경우가 많습니다. 업무를 제대로 하려면 반드시 담당자가 세워져야 합니다.

3. 타운홀 미팅의 시간표를 구성하라

얻고자 하는 것과 담당자가 세워졌다면 시간표를 작성해 보길 바랍니다. 미팅이 너무 긴 시간 동안 진행되면 늘어질 수 있습니다. 1시간 정도가 가장 좋으나, 필요에 따라 조금 더 길게 가져갈 수 있습니다. 시작은 서로 대화하고 몸을 풀 수 있는 아이스브레이킹으로 열고, 후반부에 경영자 스피치와 전사 공지 사항 전달 순서를 배치하는 것이 효과적입니다.

이번에는 타운홀 미팅을 조직에 정착시켜 문화로 만드는 3가지 방법에 대해서도 알아봅시다.

1. 주기를 정하고 미리 공지하라

기업에서 타운홀 미팅을 운영할 수 있는 주기를 확인한 후, 구체적인 일정을 세팅하는 것이 좋습니다. 예를 들어 월 1회, 매주 첫째 주 월요일에 하는 것이라고 정해두는 것입니다. 주기가 명확하게 결정되면 급한 사안에 따라 미뤄지지 않고 일정을 조정하는 데도 용이합니다. 일정이 확정되었다면, 적어도 일주일 전에 공지하는 것이 좋습니다. 직원들은 서프라이즈를 싫어합니다. 예측 가능하도록 미리 공지해주는 것이 좋습니다.

2. 조직의 구성원 모두에게 작은 역할을 주라

초반에는 담당자들 주도로 타운홀 미팅을 준비했다면 점차 모두가 미팅을 준비하고 운영하는 데 필요한 작은 역할을 맡을 수 있도록 하는 것이 좋습니다. 역할은 크지 않아도 됩니다. 작지만 즐겁게 참여할 수 있는 역할이 가장 좋습니다. 간식 구매하기, 생일 케이크 구매하기, 공지하기, 함께 논의할 질문과 주제 준비하기 등을 맡길 수 있습니다.

3. 구성원들의 의견을 반영한 프로그램을 구성하라

타운홀 미팅의 프로그램 구성에 대한 아이디어가 고갈되었다면 구성원들의 의견을 수렴해볼 수 있습니다. 이를 통해 아이디어를 얻을 뿐만 아니라, 직원들의 다양한 필요와 생각을 엿볼 수 있습니다.

이와 같은 총 6가지의 방법은 타운홀 미팅을 운영하는 측면에서 작성한 것입니다. 경영자 입장에서 반드시 지켜 행해야 할 것은 바로 타운홀 미팅 때 주기적인 경영자 스피치를 준비하는 것입니다. 경영자 스피치에는 현재 조직의 현황과 앞으로 나아가고자 하는 방향성과 목표에 대한 내용이 반드시 들어가야 합니다. 구성원들이 오해하지 않도록 현황과 맥락에 대해 충분히 소통하고, 달성해야 하는 목표나 취해야 할 행동을 분명히 전달하는 것이 필요합니다.

―― Ch3 ――

목표를 얼라인 하지 않으면 배가 산으로 간다

대표님 우리 코드 리뷰 하겠습니다

　서울 강서구에 위치한 20명 규모의 IT기업인 J 기업의 경영자는 오늘도 가인지 컨설턴트를 만나 1시간가량 어려움을 호소했습니다. "계속 적자가 나고 있습니다. 1월 마감 예정이었던 프로젝트가 6월이 되었는데도 아직 마무리가 안 되었습니다. 개발자들이 시간 안에 프로젝트를 끝내주어야 많은 수익을 얻을 수 있는데 시간관리가 전혀 안 됩니다." 개발자들의 역량이 계속 제자리에 머물고 있고, 시간관리가 안 되고 있다는 것이었습니다.
　이런 어려움에 대해 리더들에게 많이 강조했음에도 아무런 변화가 없는 것 같아 실망만 더해졌습니다. 경영자는 더 이상 이 모습을 두고 볼 수 없어 리더진들과 함께 하는 리더십 살롱을 시작했습니다. 이번 리더십 살롱의 주제는 '하반기 경영 지표 설정'이었습니다. 경영 지표를 논의하는데 경영자의 감정이 격해졌습니다. "개발부 이사님, 부장님. 제가 작년에 중요한 사안을 그렇게 강조했었는데, 하나도 진행이 안 되었더군요." 경영자의 말에 이사님이 대답했습니다. "대표님께서 중요하게 강조하셨던 건 기억이 납니다. 그런데 그걸 진행하라는 말씀은 하시지 않아서요. 진행하라는 의미인 줄은 몰랐습니다."

서로의 목표가 제대로 얼라인되어 있지 않아서, 실행에 어려움을 겪은 것이었습니다. 경영자는 그제서야 오해가 풀렸습니다. 반드시 달성해야 할 목표라면 제대로 얼라인하여, 구체적인 일정과 책임자를 정해줘야 함을 깨달았습니다. 그 이후 하반기 경영 지표를 이야기하면서, 개발부 부장님은 다음과 같은 말을 했습니다. "대표님, 우리 역량 향상을 위해 매주 코드 리뷰하겠습니다." 목표가 제대로 얼라인되자 개발자들의 역량 향상이 중요한 이슈로 대두되었고 이를 해결하기 위한 코드 리뷰가 시작되었습니다. 이 사건은 개발부 중심의 코드 리뷰를 시작으로, 전사의 지식 공유로까지 확산되는 계기가 되었습니다.

기업의 목표가 내 목표가 되는 힘, 얼라인

큰 목표를 달성하기 위한 가장 효과적인 방법은 큰 목표를 작은 단위로 잘게 쪼갠 다음, 작은 단위의 목표를 하나하나 실행해가는 것입니다. 기업의 전략적 목표는 대부분 연간 단위로, 매우 큰 단위의 목표입니다. 규모가 클 뿐만 아니라 이미 결정되어 일방적으로 전달되는 목표를 개인이 열정적으로 성취하는 것은 쉽지 않습니다. 이때 필요한 것이 바로 목표 얼라인 과정입니다.

2021년 BI 월드와이드 컨설팅 펌에서 조사한 New Rules of Engagement 조사에 따르면 목표를 설정한 직원은 직장에서 영감을 받을 확률이 14.2배나 더 높다고 합니다.8 뿐만 아니라 자신의 목표가 조직의 큰 목표와 어떻게 연결되어 있는지 아는 직원은 직장에서 동기 유발을 느낄 가능성이 10.1배나 높았습니다. 심지어 이렇게 동기 유발되어 일하는 직원은 헌신적이게 되어 자신이 회사에서 일하는 것을 자랑스러워할 가능성이 7.9배 높고, 자신의 조직을 일하기 좋은 곳으로 추천할 가능성이 6.8배나 높습니다.

이렇듯 목표를 설정한 것만으로도 영감을 받을 확률이 매우 높아집니다. 또한 자신의 목표가 조직의 큰 목표와 연결된 것을 깨달을 때 스스로 동기를 유발하여 일하게 되고, 자신의 일에 자부심을 느끼게 됩니다.

2015년 하버드 비즈니스 리뷰의 연구 결과에 따르면, 관리자의 40%가 회사 전략을 실행하는 데 있어 실패하는 가장 큰 요인으로 정렬 실패를 꼽았습니다.9 이처럼 기업의 목표가 개인의 목표가 될 수 있도록 구성원들에게 목표를 정렬시켜주는 얼라인 과정은 반드시 필요합니다.

얼라인은 Top-down? Bottom-up?

기본적으로 조직의 목표에 대한 구조는 아래 그림과 같습니다. 가장 윗단에 기업이 존재하는 목적인 사명이 존재하고, 사명 아래에 사명을 달성하기 위한 모습을 보여주는 비전이 있습니다. 비전을 기반으로 1년 단위의 전사 목표가 도출됩니다. 전사 목표를 달성하기 위해 각 본부별 1년 단위의 목표가 도출되며, 그 목표는 팀 단위로 쪼개어집니다. 팀 단위의 목표는 다시 개인 단위의 목표로 쪼개지며 각 개인이 담당해야 할 목표와 실행 계획이 도출됩니다. 상위의 목표가 하위의 목표와 잘 얼라인되어 있다면 개인의 목표를 달성했을 때 전사 목표가 자연스럽게 달성될 것입니다.

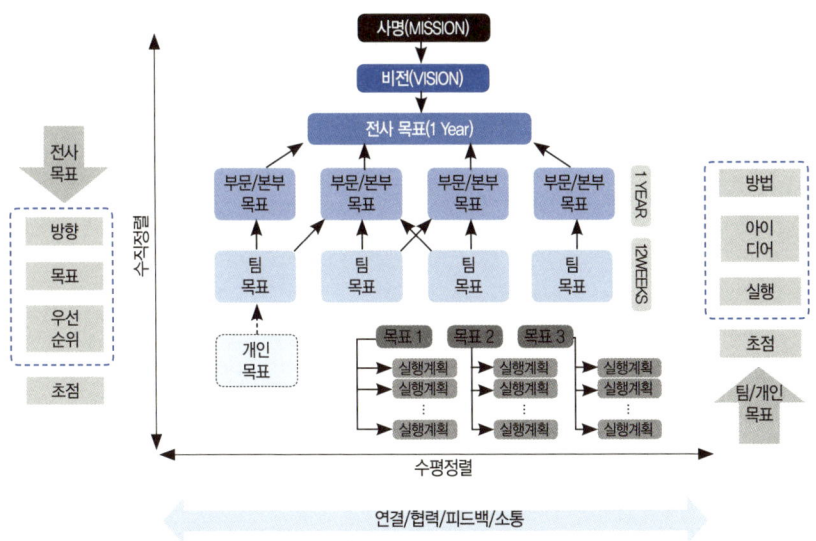

전사의 목표를 수립할 때는 필요한 방향, 목표, 우선순위는 Top-down 방식인 수직적 정렬로 초점을 맞추고, 각 팀과 개인의 목표 달성을 위해 실행할 아이디어, 방법 등은 수평적 정렬로 초점을 맞추는 것이 좋습니다.

다만 기업의 특성에 따라 수직적 얼라인과 수평적 얼라인이 적합한 상황은 상이하기에, 상황에 맞게 선택하는 것이 좋습니다. 수직적 얼라인을 진행하게 되면 전사의 하위 목표를 각 팀의 목표에 대응하게 하여 목표를 설정하게 됩니다. 이 경우 사명, 비전, 전략과 일치된 방향으로 완전한 정렬을 이루는 데 도움이 될 수 있습니다. 다만 개인과 팀의 주도성이 낮아지는 특징이 있습니다. 한편, 수평적 얼라인은 구성원들과 함께 어떤 목표를 수립할 것인지에 대한 아이디어를 논의한 후, 목표를 설정하는 방법입니다. 이 경우 스스로 세운 목표이기 때문에 개인과 팀의 주도성을 높일 수 있습니다. 다만 전사의 목표에 맞게 정렬이 되어 있는지 반드시 점검해야 하는 수고로움이 있습니다.

얼라인의 핵심은 바로 소통

수직적 얼라인도, 수평적 얼라인도 모두 좋습니다. 하지만 꼭 기억해야 할 것이 있습니다. 얼라인을 진행할 때의 핵심은 바로 '소통'입니다. 수직적 얼라인을 진행했다면 하위 목표에 모두가 동의할 만한 맥락과 전략이 있었는지 파악하는 소통이 이뤄져야 합니다. 수평적 얼라인을 진행했다면 상위 목표와 방향성이 일치하는지, 도전적인 목표를 수립한 것이 맞는지 등을 확인하며 협의해야 합니다.

제대로 된 얼라인을 위해서는 다음의 3가지를 기억하면 좋습니다.

1. 얼라인을 위한 미팅을 올바른 순서에 따라 진행하라

앞서 살펴본 조직의 목표 구조에 따르면 사명을 기반으로 비전, 전사, 팀, 개인의 목표로 연결됩니다. 얼라인 미팅을 진행할 땐, 경영자와 임원진에서부터 시작해서, 임원진과 중간 리더들, 마지막에 중간 리더들과 팀원들 순으로 미팅을 진행해야 합니다. 전사의 방향성과 목표가 제대로 세워지지 않은 채로 팀원들과 중간 리더가 먼저 미팅을 진행해 버리면 목표의 방향성이 맞지 않아 이후에 계속 수정해야 하는 상황이 발생합니다. 수정이 반복되면 구성원들의 자발성과 신뢰도가 떨어질 수 있습니다.

2. 코칭형 질문을 준비하여 구성원의 답을 들으라

코칭형 소통은 질문을 통해 구성원이 스스로 답변에 다다를 수 있도록 돕는 방법입니다. 코칭으로 소통하게 되면 말하는 것보다 듣는 비율이 훨씬 높아집니다. 구성원이 답에 다다르려면 충분히 고민하고 답을 이야기하는 시간이 필요한데, 적절한 질문을 제공하기 위해서는 반드시 상대방의 이야기를 경청해야 하기 때문입니다.

목표를 얼라인하기 위해 상대방에게 던질 수 있는 질문의 예시는 아래를 참고하길 바랍니다.

- 그 목표를 달성하면, 상위의 목표가 달성될 수 있다고 보십니까?
- 목표가 달성되었을 때 어떤 결과가 나타납니까?

- 상위 목표를 달성하게 하는 또 다른 목표는 없습니까?
- 전사의 목표와 어떤 면에서 일치한다고 보십니까?

3. 상위 리더부터 시작하라

경영자가 먼저 임원진과 얼라인을 위한 미팅 혹은 소통을 진행하는 것이 좋습니다. 결국 구성원들의 참여를 이끌어내는 것은 리더의 솔선수범입니다. 경영자가 먼저 임원진과 미팅을 진행하게 되면 임원진들 또한 이에 따라 구성원들과의 미팅을 진행하게 됩니다. 구체적인 피드백을 기반으로 얼라인해 갈 수 있도록 경영자부터 시작하시길 바랍니다.

—— Ch4 ——

단 하나의 행동, 비전 달성의 열쇠

우리 행동의 45%는 무의식에서 나온다

지금까지 기업이 존재해야 하는 목적, 즉 상위 목표를 수립하는 것의 중요성에 대해 강조했습니다. 그런데 결국 목표가 실제가 되기 위해선 멋들어진 목표를 세우는 데만 시간을 사용해선 안 됩니다. 목표를 향해 반드시 행동해야만 합니다.

2006년 미국의 듀크대학교 연구진이 수행한 조사 결과에 따르면, 우리가 매일 행하는 행동의 약 45%가 습관에 의해 이뤄진다고 합니다. 습관은 무의식적으로 반복하는 행동이나 사고를 의미합니다. 거의 절반에 가까운 행동이 무의식 중의 습관에 의해 나오는 것이라면 습관을 만드는 것이 결국 변화를 만들어낸다고 볼 수 있습니다.

성과를 내는 조직은 성과를 내는 습관을 갖고 있는 것이며, 사명을 달성하는 조직은 사명을 달성하는 습관을 갖고 있는 것과 동일합니다. 즉, 성과를 내는 습관을 갖게 하면 성과를 내는 조직이 된다는 것입니다. 또한 사명과 가치에 따른 행동 습관을 규정하면, 곧 사명과 가치를 달성하는 조직으로 정체성이 규정된다고 볼 수 있습니다.

조직의 정체성은 그들이 하는 말로 형성되지 않습니다. 구성원들의 행동을 보고 판단하는 것입니다. 조직의 핵심습관을 세운 후에는, 반드시 조직이 중요하게 생각하는 가치가 구성원의 행동으로 드러나야 합니다.

주말에 걸려오던 점주들의 전화가 90% 줄어든 이유

송파구에 위치한 F&B 프랜차이즈 S 기업은 슈퍼바이저팀의 퇴사율이 다른 팀에 비해 무려 3배나 높았습니다. 슈퍼바이저들의 주된 퇴사 이유는 늦은 밤과 주말에 점주들의 연락과 컴플레인이 끊이지 않았기 때문입니다. 평일 근무 시간에 연락을 해주면 참 좋으련만, 점주들은 주로 늦은 밤과 주말에 일을 했기에 슈퍼바이저들은 쉬려고 누우면 전화 벨 소리가 이어지는 고충을 겪어야 했습니다. 지속되는 전화로 인해, 슈퍼바이저들은 제대로 쉬지 못하고 있다는 느낌과 더불어 지속적인 스트레스를 받았습니다.

S 기업은 이런 어려움을 타파하기 위해 하나의 핵심습관을 제시했

습니다. 바로 '매일 1회 점주와 통화하기'였습니다. 이전에는 점주들이 필요할 때, 어려움이 있을 때 전화가 오길 기다렸다면, 핵심습관을 실천함으로 슈퍼바이저들이 먼저 낮 시간에 점주들에게 전화를 걸기 시작했습니다. 통화를 하며 불편한 점은 없었는지 물었고 매주 금요일에는 주말 간에 챙겨야 할 일을 먼저 안내해주고 준비할 수 있도록 도와주었습니다. 그 결과 슈퍼바이저들이 주말에 점주로부터 연락을 받는 횟수가 90% 줄었습니다.

미국을 대표하는 알루미늄 생산 업체 알코아는 1987년 폴 오닐을 새로운 경영자로 영입하면서 '산재가 발생하면 24시간 이내에 최고 경영자에게 바로 보고하라'는 핵심습관을 만들었습니다. 폴 오닐은 "알코아를 미국에서 가장 안전한 기업으로 만들 생각입니다. 목표는 사고율 제로를 만드는 것입니다"라고 선포했습니다. 그 후 핵심습관을 통해 알코아는 오닐이 취임하기 전보다 연간 순이익이 5배 증가했고, 시가총액은 270억달러까지 상승했습니다. 24시간 보고 시스템은 생산공정의 생산성 향상과 품질 개선으로 이어졌고, 현장의 문제를 감소시키는 데 엄청난 효과를 가져다주었습니다.

시키는 것이 아니라 하고 싶어지도록

습관 중에서도 연쇄 반응을 일으키는 힘을 지닌 습관이 있습니다. 핵심습관이라고 불리는 이것은 다른 습관까지 바꿔놓는 핵심이 되는 습관을 의미합니다. 볼링을 칠 때, 볼링을 모두 쓰러트리게 만드는 볼

핀을 킹핀(King Pin)이라고 합니다. 핵심습관은 변화의 킹핀입니다. 성과를 내는 킹핀 핵심습관을 찾는다면, 자연스럽게 성과로 이어지도록 만들 수 있습니다.

성과를 내기 위해 성과를 내는 습관을 갖는 것, 사실 말은 쉽지만 이걸 행동으로 옮기는 것은 정말 어려운 일입니다. 좋은 습관을 만드는 것이 쉬웠다면 모든 직장인이 건강을 위해 아침 운동을 하고 자기 전 책을 읽고 있을 것입니다. 하지만 마음만 가득할 뿐 우리의 삶은 여전히 좋지 않은 습관들로 가득합니다. 기업들도 구성원들이 성과를 내어 일할 수 있도록 좋은 습관을 가르치고 싶어 하나 실패하는 경우가 대다수입니다. 왜냐고요? 사람을 변화시키려고 했기 때문입니다.

사람은 변하지 않습니다. 다만, 환경에 따라 다른 행동을 할 뿐입니다. 쓰레기가 마구 버려진 더러운 길을 지나간다고 가정해 봅시다. 이때 우리는 어떻게 할까요? 자신도 모르게 손에 든 쓰레기를 아무 곳에나 버릴 가능성이 많습니다. 그러나 길이 깨끗하게 치워져 있을 경우, 쓰레기통을 찾아 쓰레기를 버리게 됩니다. 이처럼 사람은 그대로 두되 시스템과 환경을 설계함으로써 시키는 것이 아니라 행동하고 싶어지도록 만들어야 합니다.

3가지 요소만 찾으면 핵심습관을 만들 수 있다

찰스 두히그의 책 『습관의 힘』에 따르면 습관은 신호, 반복행동, 보상이라는 3가지의 구조로 이뤄져 있다고 합니다. 신호는 위치나 시간

과 같은 환경신호부터 감정 상태 또는 행동을 포함합니다. 신호를 식별하는 것이 습관 고리의 시작이라고 할 수 있습니다. 반복 행동은 실제로 신호가 발생했을 때 취하는 행동, 신체적, 정신적, 감정적 반응을 의미합니다. 마지막으로 보상은 습관의 목표로 유형적인 것부터 감정적 보상까지 모두를 포함합니다.

신호의 경우 시간, 공간, 상황이 드러나며 인지 가능한 신호여야 합니다. 반복 행동의 경우 시작과 끝이 명확해야 하며, 반복이 있는 행동이어야 합니다. 보상의 경우 조직이나 개인의 욕구 등 가치가 충족되어야 하고 보상이 즉각적이어야 합니다.

책 『가치관으로 경영하라』에 따르면 좋은 핵심습관을 정하는 데는 5가지 조건이 있습니다.

1. 관찰할 수 있는 행동이어야 합니다.
2. 객관적으로 확인할 수 있는 행동이어야 합니다.

3. 훈련할 수 있는 행동이어야 합니다.

4. 현재보다 발전적 상태로 이끌 수 있는 행동이어야 합니다.

5. 위 4가지에 해당하지 않더라도 우리 조직에 꼭 필요한 생각이나 행동이어야 합니다.

핵심습관 토크시트를 작성한 뒤 앞서 5가지 조건에 맞는지 점검해 보길 바랍니다.

—— Ch5 ——

비전을
모두가 즐기는 문화로

꼴뚜기 별에서 온 지구 조사단

어느 날 꼴뚜기 별에서 지구로 조사단을 보냈다고 가정해 봅시다. 조사단은 당신의 회사를 한 달간 관찰하고 지구로 돌아가서 보고서를 작성합니다. 꼴뚜기 별 조사단은 언어는 이해하지 못합니다. 오직 관찰된 행동을 통해서만 보고서를 작성합니다. 꼴뚜기 별 조사단의 보고서에는 여러분의 조직이 무엇을 하는 조직인지, 왜 모여서 일을 하고 있는지, 어떤 행동을 자주 하는지, 무엇을 할 때 박수를 받는지 등이 기록되어 있을 것입니다. 그 보고서는 어떻게 작성되어 있을까요?

스타트업 성공 사업가이자 벤처캐피탈 투자자 피터 틸은 자신의 저서 『제로 투 원』에서 "기업문화란 기업 자체와 별개로 존재하는 것이 아니다. 회사 자체가 하나의 모습이다. 훌륭한 기업 문화란 그것이 회사 내에서 드러난 모습일 뿐이다"라고 했습니다. 결국 비전은 문화로 드러날 때 살아있는 것입니다.

문화와 성과는 연결되어 있다?

2018년, 맥킨지가 하버드 비즈니스 리뷰에 발표한 자료에 따르면 20년 동안 꾸준히 관찰한 결과, 조직문화를 바꾸려고 노력했던 많은 기업 중 30%만이 성공하고 70%는 매번 실패했다고 보고했습니다.[10] 이 비율은 20년 전에도, 10년 전에도, 그리고 5년 전에도 동일한 수치를 기록하고 있습니다. 맥킨지는 수많은 기업이 조직문화와 전략, 리더십, 조직을 통합하여 다루지 못했기에 실패했다고 지적합니다. 이렇듯 조직문화를 바꾸는 일은 매우 어렵습니다. 그럼에도 조직 문화를 개선하고 변화시켜야 할 이유가 있습니다.

하버드 비즈니스 리뷰의 또다른 연구에 따르면, 조직의 건강도가 높은 기업은 그렇지 못한 기업에 비해 3배 이상의 성과(TRS, 주주총수익률 기준)를 달성한 것으로 나타났습니다.[10] 또한 건강한 조직문화는 현재의 성과보다 미래의 성과와 더욱 강한 상관성을 갖는다는 것이 밝혀졌습니다. 현재의 조직문화를 미래의 성과에 대한 예측 가능한 지표로 볼 수 있다는 것입니다.

2007년에 발행된 삼성경제연구소의 SERI 보고서도 기업의 문화와

시장경쟁도와 기업문화 / 성과 간 상관관계

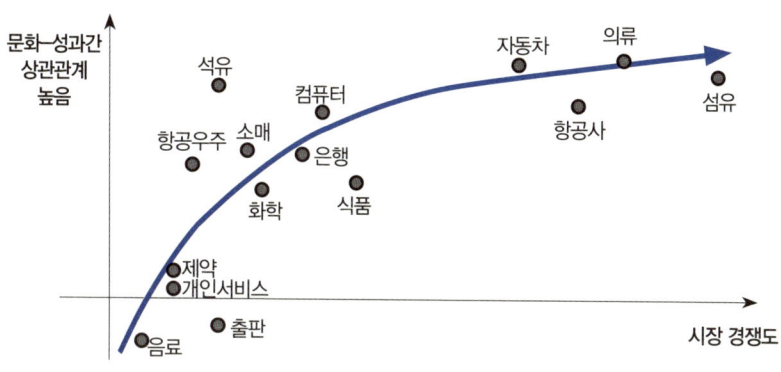

성과 사이에 유의미한 상관관계가 있음을 보여줍니다. 기업문화가 좋을수록 경영성과가 향상되고, 시장에서 경쟁이 치열할수록 기업문화가 성과에 미치는 영향이 더욱 커지는 것으로 나타났습니다.[11]

조직을 운영하는 최상위 리더십은 문화

조직을 운영하는 가장 상단의 리더십은 문화입니다. 조직을 운영하는 방식은 권력, 관리, 리더십, 문화의 4단계로 구성됩니다. 각 단계에 대해 살펴봅시다.

1단계: 권력

권력은 공식적인 직위나 역할에서 나오는 권위에 기반을 두고 있습니다. 권력이 있으면 보상이나 처벌을 통해 강제력을 행사할 수 있으며, 상사나 리더가 하위 구성원에게 명령을 내리는 하향식 구조를 갖고 있습니다.

2단계: 관리

관리는 조직의 목표를 설정하고 목표 달성을 위해 계획을 수립하고 수행하는 것을 의미합니다. 적절한 인원 배치, 자원 관리를 통해 조직화하며 진행 상황을 모니터링하고 필요시 조정하는 과정을 포함하고 있습니다. 주로 시스템, 절차, 규칙을 통해 조직이 일관성 있고 예측 가능하게 운영되도록 만듭니다.

3단계: 리더십

리더십은 사람들을 이끌고 동기부여하여 조직의 목표를 향해 함께 나아가도록 돕는 능력을 의미합니다. 리더는 구성원들에게 비전과 방향을 제시하여 동기를 부여하며 영감을 줍니다. 뿐만 아니라 변화와 혁신을 주도하며 문제 해결을 위한 방향을 제시합니다. 이를 위해서는 의사소통, 신뢰 구축과 같은 스킬이 필요합니다.

4단계: 문화

문화는 조직 내에서 조직의 가치, 신념, 행동 규범, 의식 등이 형성된 고유한 방식을 의미합니다. 구성원들이 공통적으로 믿고 따르는 가치나 규범이 조직의 운영 방식을 좌우하며 그들의 특정한 전통이 소속감과 연대감을 형성합니다. 명시된 규칙, 정책 외에도 비공식적으로 통용되는 행동 기준이 존재합니다. 이는 시간이 지남에 따라 변화하지만, 한 번 형성되면 쉽게 변하지 않고 지속되는 경향이 있습니다.

조직문화는 구성원의 생각 및 행동의 총체적인 결과가 됩니다. 마케팅의 아버지라 불리는 『마켓 4.0』의 저자 필립 코틀러는 "조직문화는 가장 강력한 리더십이다"라고 했습니다. 기업은 강력한 리더십인 문화를 관리할 수 있어야 합니다.

조직역동성의 비전 정렬을 이루기 위해선 비전통합과 목표 명확성이라는 2가지 하위요소가 균형적으로 이뤄져야 합니다. 우리가 어떤 비전을 꿈꾸고 있는지 알고 있는 것, 그 비전을 위해 달성해야 할 목표를 정확히 아는 것이 비전 정렬의 핵심입니다. 이 2가지 요소가 조직 내에 문화로 정착될 때 조직역동성이 살아나게 됩니다.

1년 캘린더로 하루 매출 5,000만 원 달성

서울 중구에 위치한 10명 규모의 패션 의류 A 기업은 발 빠른 패션계에서 고객들의 마음을 사로잡기 위해 늘 닥치는 대로 일을 해왔습니다. 패션업은 다음 계절 시즌이 오기 전, 시즌 상품을 미리 기획하고 판매하느라 바쁩니다. 시즌이 끝나고 나면 기존의 재고는 머릿속에서 온데간데 사라져 버립니다. 그러던 어느 날 돌이켜보니 기존에 쌓여 있는 재고를 털어내지 못하고 마치 폭주기관차처럼 앞으로 다가올 시즌만을 바라보며 가고 있다는 사실을 알게 되었습니다.

A 기업은 1년을 놓고 볼 때 시즌별로 마무리해야 하는 일정이 정해져 있는데 그 일정을 한 눈에 보기가 어렵다는 문제가 있었습니다. 모든 일정을 1년 단위로 세팅하여 일정을 한 눈에 볼 수 있게 하니, 재고를 판매할 수 있는 프로모션 일정을 미리 확보하여 사전에 준비할 수 있게 되었습니다. 그 결과 하루 매출 5,000만 원이라는 놀라운 성과를 이뤄냈습니다.

서울 성수동에 위치한 20명 규모의 유아 패션의류 J 기업의 경우 시즌성 일정은 고정되어 잘 진행되고 있었습니다. 그런데 각 팀별로 자신들의 일정만을 고집하여, 타 팀과 협업이 되지 않는 상황이 발생했습니다. 자신의 일에만 몰두하느라 자신의 일 외에는 무관심한 분위기가 점차 확산되었습니다.

J 기업의 경영자는 타 팀과의 활발한 협업을 위해, 기존의 시즌 일정을 해치지 않는 선에서 주기적인 문화 일정을 캘린더에 추가했습니다. 매달 마지막 주에는 전사가 함께 식사하는 식사데이, 두 달에 한 번 마지막 주에는 함께 문화를 즐기는 문화데이를 운영했습니다. 그 결과, 평소 대화도 잘 하지 않던 타 팀과의 소통이 늘어났고 이는 자연스레 협업과 아이디어 논의의 확산으로 이어졌습니다.

조직의 문화를 만드는 경영캘린더

조직의 문화를 만들기 위해 우선 1년짜리 경영캘린더를 제작해 보시길 바랍니다. 경영캘린더는 고객과 조직의 핵심 일정과 문화를 제대로 관리하는 데 활용될 수 있는데, 제작 방법은 다음과 같습니다. 가장 먼저, 시장, 고객 이슈를 작성합니다. 뒤이어 조직의 상품, 마케팅 이슈를 작성합니다. 마지막으로, 시간을 고려하여 반복적으로 실천하고 있는 조직의 문화 이벤트, 인사 일정, 성과 관리 일정을 작성합니다. 경영캘린더를 활용하면 비즈니스 일정뿐 아니라 우리 기업만의 문화까지 지켜낼 수 있다는 장점이 있습니다.

CODE #2.

입이 아닌 손발로 만드는 혁신,
혁신행동

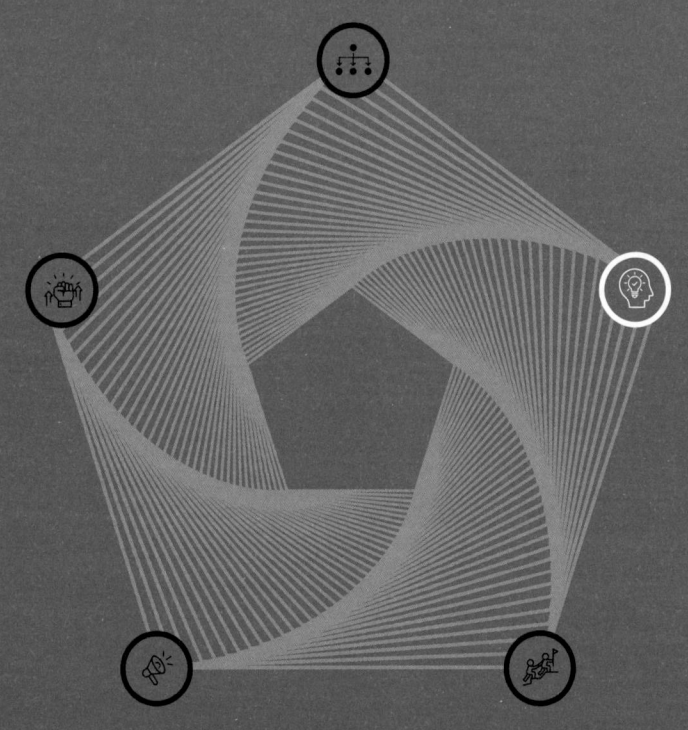

Innovative Behavior

Ch1. 올해 목표는 작년의 2배입니다

Ch2. 오른쪽에서 왼쪽으로! 일이 되게 하는 창의적 역순사고

Ch3. 부서를 넘나드는 엑스트라 마일러 김대리

Ch4. "일단 작게 시작해봅시다" 빠르게 가설을 시도하는 적응적 계획

Ch5. "다른 부서와도 더 많이 소통합시다" 전문성을 강화하는 대화의 선

―― Ch1 ――

올해 목표는
작년의 2배입니다

N 기업 영업팀이 자원하여 목표치를 2배로 높인 이유

    15명의 임직원으로 이루어진 소규모 스마트 팩토리 솔루션 기업인 N 기업은 2023년 12월, 워크숍을 통해 작년 대비 고객 수를 2배로 늘리겠다는 도전적인 목표를 세웠습니다. 그런데 B2B 영업을 주력으로 하며, 전국에 위치한 제조 단지들을 대상으로 영업 활동을 진행하고 있어 이 목표는 현실적으로 어려워 보였습니다. 그럼에도 불구하고 누구도 목표의 비현실성에 대해 언급하지 않았습니다. 모두가 이 목표를 달성하기 위해 내년 상반기 영업 계획을 세우는 데 집중했습니다. 이미 1년 동안 OKR로 목표관리를 하면서 과거의 한계치를 돌파한 경험이 있었기 때문이었습니다. 워크숍 이후 매주 피드백 미팅을 통해 지난 주의 실행을 체크하고 새로운 영업 전략을 짜냈는데, 바로 소개 영업이었습니다.

신규 시장에 빠르게 접근하기 위해 이미 고객사를 보유한 장비업체들을 중심으로 영업 채널을 뚫었습니다. 또한 소개받은 고객사를 빠르게 매칭하기 위해 기존의 제안서의 내용을 기기 및 SW별로 모듈화하여 누구나 3분 안에 고객사별 맞춤형 제안을 만들 수 있도록 프로세스를 재구축했습니다. 이렇게 신규 영업 채널 및 맞춤화 제안에 집중한 결과, 이듬해 6월 목표치를 초과 달성하는 놀라운 성과를 거둘 수 있었습니다.

혁신은 기존 방식에 대한 도전이다

도요타는 1920년대까지만 해도 재봉틀을 만드는 회사였고, 닌텐도는 종이 보드게임 전문 회사였습니다. 그러나 두 회사 모두 새로운 분야에 도전하였고 도요타는 자동차, 닌텐도는 전자게임 분야에서 더 큰 명성을 얻게 되었습니다. 마이크로소프트는 윈도우와 인터넷 탐색기로 시장을 지배하는 듯했으나, 후발 주자 구글에 밀렸습니다. 구글 역시 인터넷 세상을 지배하는 듯 보였지만, 결국 하버드 졸업생들이 설립한 페이스북에 패권을 넘겨주게 되었습니다. 이러한 현상을 두고 테슬라의 CEO인 일론 머스크는 대기업들이 '그들의 방식에 너무 고집스럽고, 그들이 옳다고 확신하기 때문에(too set in their ways, too convinced in their own rightness)' 상대적으로 작은 기업들이 혁신에 유리할 수밖에 없다고 논평했습니다.[12]

따라서 혁신을 생각할 때 가장 먼저 떠올려야 할 단어는 '도전'입니다. 실무자 관점에서 도전적인 목표는 기존 대비 몇 배의 목표인지 그 기준이 애매할 수 있습니다. 도전적인 목표는 '기존의 방식으로는 절대 달성할 수 없는 목표'나 '기존과는 다른 방식을 도입해야 달성할 수 있는 목표'를 뜻합니다.

성과관리를 하는 조직에서는 늘 두 그룹이 관찰됩니다. 하나는 정말 10배, 100배의 목표에 도전하는 그룹이고, 다른 하나는 실패에 대한 두려움으로 110% 또는 120%와 같은 소폭의 목표를 설정하는 그룹입니다. 첫 번째 그룹은 목표에 도달하지 못하더라도 근본적인 혁신을 이뤄내는 반면, 두 번째 그룹은 야근과 과도한 업무 부담을 통해 목표를 간신히 달성하는 경우가 많습니다. 전자의 조직은 이후에도 도전을 계속할 의지가 생기지만, 후자의 조직은 '도전'이나 '혁신'이라는 단어를 기피하게 됩니다. '도전은 곧 야근'이라는 인식이 생겨버리기 때문입니다.

자원 많고 인재 많은 대기업도 못하는데 저희가 혁신, 도전이라니요. 과연 될까요?

실제 컨설팅 상담을 하면서 실무자들에게 자주 듣는 질문입니다. 확실히 대기업에는 압도적인 자원과 인재가 있습니다. 그럼에도 한국과

학기술기획평가원에서 매년 52,460개 기업을 대상으로 실시하는 한국기업혁신조사에 따르면 응답 기업들의 혁신 저해 요인으로 꼽은 17개의 요인 중 12개가 자금과 기업 내부 역량 요인이라고 합니다.[13] 이를 보면 작은 조직들이 혁신적인 목표에 도전하는 것에 현실적인 장애물이 있음은 부정할 수 없습니다.

그럼에도 불구하고, 중소기업들이 지레 겁먹고 포기할 필요는 없습니다. 대기업의 경우, 규모가 커지면서 소통과 결재 과정에서 발생하는 간접 비용이 증가하고, 많은 혁신 프로젝트가 수익성 문제로 중도에 중단되는 경우가 많기 때문입니다.

2022년 한국기업혁신조사에 따르면, 국내 제조업 혁신율은 전체적으로 24%였고, 소기업의 혁신 비율은 약 17.3%인 반면, 대기업은 51.2%로 약 3배 차이가 났습니다. 이 조사는 오슬로 매뉴얼을 기반으로 한 보수적인 기준을 따르며, 혁신이 실제로 기업 운영 성과에 영향을 미쳐야 하므로, 현실을 잘 반영한다고 할 수 있습니다.

흥미로운 점은 혁신에 소요되는 비용 차이입니다. 혁신 비율은 대기업이 소기업보다 3배 높았지만, 실제 투입된 비용을 보면 소기업의 경우 대부분 1~5억 원(68%)이었고, 대기업은 10~50억 원으로 약 10배 차이가 납니다. 물량에서는 대기업이 우세하지만, 투입 대비 산출 효율성에서는 소기업이 상대적 우위를 차지하고 있습니다.

또한, 해당 조사에서는 혁신활동 중단 비율도 다뤘습니다. 전체 응답 기업 52,460개 중 소기업의 혁신활동 중단 비율은 4.5%인 반면, 대기업은 18.9%로 소기업보다 그 비율이 훨씬 높았습니다. 이러한 결과는 혁신에서 대기업이 항상 우위를 점하지는 않으며, 중소기업도 충분

직무도전성과 직무몰입도 간의 상관관계

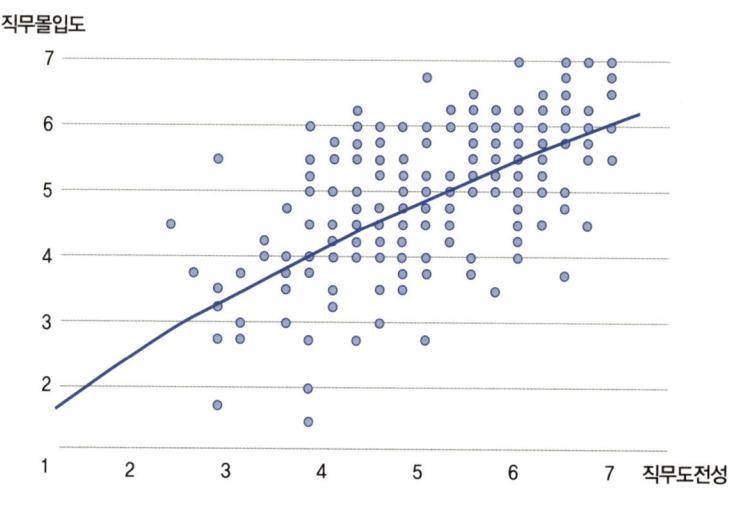

히 경쟁력을 가질 수 있음을 시사합니다.

　모든 걸 종합해 봤을 때, 자원과 시간이 부족할수록 오히려 조직의 도전성을 강화해야 한다는 역설적인 결론이 도출됩니다. 직원 수 100명 이하 기업을 대상으로 한 조직역동성 진단에서도 직무도전성이 높은 조직일수록 직무몰입도 역시 높음을 알 수 있습니다. 그리고 미하이칙센트(2005)와 서울대학교의 황농문 교수(2008) 등이 수행한 30년간의 장기 연구와 교차 검증을 통해 몰입이 창의적인 발상과 문제 해결력에 있어 중요한 요소라는 것이 밝혀진 지 오래입니다. 몰입은 작은 조직이 대기업에 대해 상대적 경쟁력을 누릴 수 있는 요소이자, 파괴적 혁신의 필수 요소입니다.

우리가 도전할 전략지점을 찾는 방법

앞서 소개된 N 기업의 사례에서는 단순히 목표를 높게 설정한 것이 아닙니다. 성과관리 전문가가 제시한 프레임워크와 질문들을 통해 팀원들이 서로 의견을 나누면서 '작년 대비 2배의 고객 모집'이라는 도전적인 목표를 도출한 것입니다.

성과관리 컨설팅 시, 자주 사용하는 도구는 바로 '블루오션 전략 캔버스'입니다. 작은 조직은 대기업에 비해 자원이 제한적이므로, 경쟁이 적은 시장을 공략하는 것이 중요합니다. 이는 테슬라가 전기차를 통해 기존의 자동차 시장을 혁신한 사례와 같은 원리입니다.

블루오션 전략 캔버스는 기업이 시장에서 경쟁하는 방법을 시각적으로 나타내는 도구입니다. 이를 통해 경쟁사와 자사의 차이점을 명확하게 파악할 수 있고, 나아가 새로운 기회를 찾거나 전략을 재정립하는 데 도움을 줍니다.

어느 동네에 이탈리아 컨셉의 에스프레소 카페가 있다고 해봅시다. 그 동네에는 모던한 인테리어의 카페부터 스타벅스나 이디야 같은 대형 체인점까지 여러 경쟁사가 포진해 있습니다. 이런 상황에서 에스프레소 카페는 '자신의 어떤 한계'에 도전해야 할까요?

고객들은 원두 품질이나, 가격, 매장 분위기, 디저트 유무, 주차 가능 여부 등 다양한 요소를 고민한 후 카페를 선택합니다. 에스프레소 카페는 이 중 다른 경쟁사보다 상대적 우위를 가지고 있는 요소인 블루오션 요소에 대해 한계 돌파를 시도해야 합니다.

예를 들어 스타벅스는 매장 분위기에서 높은 점수를 받을 수 있지만, 가격적인 면에서는 메리트가 적을 수 있습니다. 모던한 카페는 저렴한 가격과 디저트 유무 등에서 우위를 가져갈 수 있지만, 질 좋은 원두를 쓰기는 힘들 것입니다. 이런 점을 고려할 때, 에스프레소 카페는 브랜드 구축이나 디저트 개발에 도전하기보다는 질 좋은 원두나 자체 블렌딩 개발에 도전하는 것이 '혁신으로 이끄는 전략적 도전'이 될 것입니다.

물론 실제로는 질 좋은 원두나 자체 블렌딩 개발에 힘을 써도 경영난에 시달리는 에스프레소 카페들이 많습니다. 하지만, 스타벅스의 매장 분위기를 따라가는 것은 더 어렵고, 모던한 카페들과 가격 경쟁을 하는 것은 끝이 분명합니다. 쉬운 길은 없습니다. 다만, 더 전략적이고 혁신적인 도전이 있을 뿐입니다.

―― Ch2 ――

오른쪽에서 왼쪽으로!
일이 되게 하는 창의적 역순사고

결과에서 시작하는 역순(逆順)사고로
241%의 성과를 낸 S 병원 예약상담팀

50명의 임직원으로 구성된 S 병원은 낮은 오후 검진 예약율과 하반기에 집중된 검진 예약으로 인한 업무 쏠림 문제가 있었습니다. 상반기 검진 프로모션을 통해 상반기 환자 수는 증가했지만, 오전 검진에 업무가 집중되는 현상은 여전히 개선되지 않았습니다. 이에 예약상담팀은 '분기별 오후 검진 환자 200명'이라는 도전적인 목표를 세우고, 이를 달성하기 위해 역으로 전략을 수립하기 시작했습니다.

예약상담팀은 고객들이 오후 검진을 기피하는 성향을 고려하여, 매일 최소 20명에게 오후 검진을 독려한다는 구체적인 계획을 세웠습니다. 또한, 환자의 특성에 맞는 독려 멘트를 설계하여, 대장내시경 검진 희망자에게 금식 시간과 수면 시간 등과 관련해 오후 검진의 장점을 강조하는 안내를 했습니다.

고객의 니즈에 맞춘 맞춤형 독려도 병행했습니다. 예를 들어, 검진을 빠르게 끝내고 싶어 하는 고객에게는 오후 검진을 우선적으로 추천했고, 오전 검진을 선호하는 고객에게는 만약 일정이 취소될 경우 우선 배정하겠다고 약속했습니다. 3개월 동안의 노력 끝에 해당 분기의 오후 검진 환자 수는 총 482명으로, 목표였던 200명을 크게 초과하여 241%를 성과를 달성하는 쾌거를 이루었습니다.

혁신적인 조직은 될 일이 아니라 되는 방법을 찾는다

실제로 성과 창출이 어려운 것은 자원이 부족해서가 아닙니다. 그보다는 자원을 잘 활용하지 못하는 것에서 기인하는 경우가 많습니다. 혁신을 창출하는 조직은 창출해야 하는 성과의 성격과 특성에 따라 자신들이 보유한 자원을 유연하게 재배치하는 능력이 뛰어납니다. 이렇듯 성과 중심적으로 사고하는 방식을 역순사고법(Right to Left Thinking)이라고 합니다.

아마존은 역순사고법을 가장 잘 활용하는 기업입니다. 아마존에서는 새로운 프로젝트를 시작할 때 최종 결과를 먼저 상상하고, 그 목표를 달성하기 위해 필요한 단계를 역으로 추적하는 방식으로 일합니다.

예를 들어, 제품을 개발할 때 보도자료부터 먼저 작성합니다. 즉, 제품이 완성되어 시장에 출시되었을 때 고객이 어떤 가치를 얻고, 어떻게 반응할지를 상상하며 보도자료를 작성한 후, 이를 기반으로 개발 과정과 필요한 리소스를 설계합니다. 이러한 역순사고는 목표를 더 명확히 하고 성과에 직접적으로 연결된 활동에만 집중하게 하여 혁신적인 성과를 달성하는 원동력이 됩니다.

실제로 컨설팅을 하다 보면 역순사고를 잘하는 조직과 잘하지 못하는 조직 사이에 존재하는 명확한 차이점을 보게 됩니다.

전자 "목표를 달성하려면 새로운 파트너가 필요해", "고객이 우리 제품을 구매한 이유는 무엇일까?"와 같이 방법과 핵심성과요인에 집중한 소통이 이뤄집니다. 반면 후자의 경우, "현재 자원이 부족하니 이 정도밖에 못 한다"라는 식의 이야기가 오가며, 성과보다는 최선을 다했다는 점에 무게를 둡니다.

비즈니스 환경에서의 창의력은 '일을 되게 하는 방법을 찾는 힘'으로 정의할 수 있습니다. 조직이 성과를 내지 못하는 이유는 자원의 부족이나 정신력의 문제가 아니라, 자원을 적절히 활용하지 못하기 때문입니다. 혁신적인 성과를 내는 조직은 자원의 부족이나 시간의 한계를 이유로 삼지 않고, "어떻게 하면 현재 자원을 다르게 활용할 수 있을까?"라는 질문을 던집니다. 반면, 그렇지 못한 조직은 자원 부족이나 업계 관행을 핑계로 문제 해결이 불가능하다고 여깁니다.

앞서 소개한 S 병원의 예약상담팀은 오랜 경력을 가진 실무자들로 구성되어 있었지만, 3개월의 혁신 기간 동안 추가 인원을 배정받거나 예산이 부여되는 등 근본적인 자원의 변화는 없었습니다. 예약상담팀은 목표를 달성하기 위해 "고객이 오후 검진을 선호할 이유는 무엇일까?", "목표를 달성하려면 매일 몇 명의 오후 검진을 유도해야 할까?", "기존 오후 검진 고객은 왜 오후를 선택했을까?"와 같은 질문을 통해 성과 중심의 사고를 하게 되었고, 목표에 맞는 일하기 방식을 찾아 적극 도입한 결과 목표치를 초과 달성할 수 있었습니다.

실무자는 그냥 시키는 일만 잘하면 그만 아닙니까?

종종 경영진을 두뇌, 실무자를 손발로 비유하며 실무자들이 자체적으로 사고하고 실행 전략을 수립하는 것에 의구심을 가지는 경우가 있습니다. 이는 경영진에 비해 실무자들이 접근할 수 있는 정보가 제한적인 것은 사실이기에 일견 타당한 주장처럼 보일 수 있습니다. 그러나 '시키는 일을 잘 하기 위해서는' 실무자들 역시 실행 전략을 수립해야 합니다.

미국의 정보 기술 연구 및 자문 회사인 가트너(Gartner)의 부사장 마크 켈리는 2023년 조사에서 응답자의 61%가 "경영 전략 수립보다 부실한 전략 실행이 새로운 성장 이니셔티브 실패의 주요 원인"이라고 답했다고 말합니다.[14] 이는 전략 자체나 자금 조달보다 실행의 문제를 더 큰 도전으로 보고 있다는 것을 시사합니다. 또한, 2005년 맨킨스와 스틸(Mankins & Steele)이 매출액 5억 달러 이상의 197개 기업을 대상으로 수행한 연구에서도, 실행 단계의 실패로 인해 평균 33%의 성과 손실이 발생한 것을 확인할 수 있습니다.[15] 큰 조직도 실행 실패로 이러한 손실을 겪고 있는데, 작은 조직의 경우는 더 심각할 수밖에 없습니다.

일이란 제한된 자원과 시간을 활용해 더 높은 부가가치를 창출하는 것이고, 실무자들은 이러한 일의 최전선에 서 있습니다. 그렇기에 매일 더 나은 성과를 위해 주어진 자원과 시간을 어떻게 재배열할지 창의적으로 사고할 수 있어야 합니다. 이는 역순사고방식, 즉 목표에서부터 필요한 실행 단계를 거꾸로 계획하는 사고방식을 통해 가능합니다.

되는 방법을 찾아주는 임팩트 맵핑

성과관리 현장에서 역순사고를 돕기 위해 사용되는 대표적인 도구 중 하나는 임팩트 맵핑(Impact Mapping)입니다. 임팩트 맵핑은 목표 달성에 필요한 요소들을 시각적으로 연결해 주는 도구로, 마치 마인드 맵핑처럼 목표와 실행 계획을 체계적으로 도출하는 데 도움을 줍니다.

임팩트 맵핑은 크게 4가지로 구성됩니다. 조직이 달성하려는 최종 성과이자 결과인 '목표(Goal)'와 목표 달성에 직접적인 영향을 미치는 주요 고객, 파트너 등을 일컫는 '이해관계자(Actor)', 이해관계자가 취해야 할 행동이나 반응인 '목표 기여 행동(Impact)', 해당 행동이나 반응을 유도하기 위해 필요한 도구, 자원, 기능 등을 일컫는 '행동 촉진 요소(Deliverable)'가 바로 그것입니다.

예를 들어, S 병원 예약상담팀의 사례를 기반으로 작성한다면 다음과 같습니다. 목표(Goal)인 '분기별 오후 검진 환자 200명'이 달성되려면, 이해관계자(Actor)인 고객에게서 '오후 검진이 필요한 이유를 스스로 인식'하는 목표 기여 행동(Impact)을 이끌어내야 합니다. 그러려면 이러한 행동을 촉진하기 위해 '고객 입장에서 오후 검진의 장점 3가지'를 안내하거나 '오후 검진 할인' 등의 행동 촉진 요소(Deliverable)가 필요합니다.

공교육에서는 역순사고와 같은 귀납적 사고보다는 연역적 사고 방식을 가르치고 훈련시키기에 처음에는 어색할 수 있습니다. 하지만 어색함을 이겨내고 계속해서 결과 중심적인 사고를 하다 보면 생각하지도 못했던 창의적인 방법들이 떠오르는 경험을 하게 될 것입니다.

―― Ch3 ――

부서를 넘나드는
엑스트라 마일러 김대리

**물류팀과의 협업으로
월 2,000만 원의 추가매출을 만든 영업팀**

　이커머스 사업을 운영하는 A 기업은 30명의 임직원으로 구성된 작은 조직으로, 주로 SNS와 플랫폼을 통해 자사의 친환경 무방부제 어린이 제품을 판매하고 있습니다. 코로나와 독감이 극성을 부리던 시기에는 매출이 매년 20%씩 성장했지만, 이후 매출 성장이 수평 상태에 이르러 새로운 매출처를 확보해야 했습니다. A 기업의 주요 타겟 고객은 건강을 중시하는 어머니들이었으며, 마케팅과 영업은 관련 인플루언서 및 채널을 중심으로 이루어졌습니다.

한편, 물류팀은 실제 제품을 발송하는 과정에서 가정집 외에도 특정 기관들로 물류가 나가는 것을 발견했습니다. 이 기관들이 유치원과 어린이집이라는 사실을 알게 된 물류팀장은 새로운 매출 기회를 감지하고, 영업팀장에게 B2B 계약 체결 가능성을 문의했습니다. 물류팀장의 아이디어에 영감을 받은 영업팀은 어린이집과 유치원을 대상으로 콜드메일과 콜드콜을 시도했고, 그 결과 월 2,000만 원 상당의 정기 결제 계약을 체결하는 데 성공했으며 물류팀장은 그 해 성과를 인정받아 승진했습니다.

부서 간 협력을 통해 혁신을 만드는
엑스트라 마일러(Extra Miler)

축구에는 '어시스트'라는 개념이 있습니다. 말 그대로 다른 사람이 득점하는 것을 도와주었다는 뜻입니다. 자신이 직접 득점한 것이 아니라 다른 선수의 득점에 대해서도 개인의 성과로 인정하는 정밀한 시스템을 갖추고 있는 것이 비단 축구만은 아닙니다. 농구, 수구, 하키와 같은 팀 스포츠는 세부 내용은 달라도 모두 어시스트의 개념을 가지고 있습니다.

MIT 슬론경영대학원의 2019년 자료에 따르면, 지난 10년간 협업에 들어가는 시간이 50% 이상 늘어났다고 합니다.[15] 대부분의 지식노동자들과 책임자들은 업무 시간의 85% 이상을 이메일과 회의, 통화에 사용합니다. 이러한 협업 소통은 단순해 보여도 집중력을 완전히 회복하는 데까지는 20분 이상이 걸리는, 엄연히 비용이 있는 활동입니다. 그래서일까요? 아쉽게도 협업을 중시하는 조직은 많으나 협업을 잘하는 조직을 찾기는 어렵습니다.

협업이란 단순히 같은 공간에서 같은 시간을 보낸다고 해서 이루어지는 것이 아닙니다. 협업은 문화입니다. 앞서 언급한 A 기업에는 매달 한 번 '지식 토크'라는 이름 하에 개개인이 업무 중 발견한 지식을 나누고, 우수 지식을 시상하는 문화가 있었습니다. 또한 A 기업 인사팀장은 정기적으로 팀 간 협업 프로젝트를 조직하기도 했습니다. 이러한 문화적인 요소들은 모두 조직 내 숨어있던 '엑스트라 마일러'(자신의 역할과 책임을 넘어 타인의 성과를 도와주는 이)가 날개를 펼칠 수 있는 무대를 만드는 것에 초점이 있습니다.

조직 내 협업에 대한 접근은 종종 시스템적인 측면에서 이루어지기도 합니다. 슬랙, 잔디, 플로우와 같은 협업 도구들을 도입하는 것입니다. 하지만 5년 동안 250개 사 8,000명의 경영자를 대상으로 진행된 MIT 슬론경영대학원의 도널드 설 교수의 연구에 따르면 이러한 시스템이 항상 효과적이지는 않습니다. 설문에 따르면, 부서 간 협업 프로세스가 있지만 그것이 효과적이라고 믿는 경영자는 단 20%에 불과했습니다. 협업 툴 구축에 필요한 비용과 적응에 걸리는 시간 등을 고려하면 생산적이라고 보긴 어려운 수치입니다.

부서 간 협업이 원활하게 이루어지려면 성과 창출을 위해 자발적으로 노력하는 '엑스트라 마일러(Extra Milers)'들을 발굴하고, 그들이 적극적으로 활동할 수 있도록 지원하는 조직 문화가 필요합니다. 도널드 설 교수의 연구에서도 '부서 간 신뢰'가 '부서 내 신뢰'의 10분의 1도 못

미친다는 결과가 나왔습니다. 같은 회사에 소속되어 있음에도 불구하고, 부서 간 신뢰의 정도는 파트너사나 외부 기관 수준으로 낮은 것입니다.

이러한 신뢰 부족은 협업이 복잡하고 문제 발생 시 해결책을 찾기 어려운 환경에서 기인합니다. 결국 조직 내 숨겨진 협업 달인들, 즉 엑스트라 마일러들의 활약이 이러한 신뢰 부족을 해소하는 열쇠가 될 수 있습니다. 그들이 자신의 부서를 넘어 적극적으로 협력함으로 산적한 문제를 하나씩 해결해 나갈 때 비로소 다른 구성원들도 그 움직임에 동참하게 되는 것입니다.

프로 어시스터,
엑스트라 마일러가 조직 성과에 미치는 영향

하버드 비즈니스 리뷰(2015)에 따르면, 부가가치를 창출하는 협업의 20~30%가 조직 내 3~5%에 불과한 소수의 직원들에게서 기인한다고 합니다. 미국 아이오와대 닝 리 교수가 주도한 최근 연구에 따르면, 자신의 역할을 넘어서는 기여를 하는 한 명의 엑스트라 마일러는 해당 팀의 다른 모든 구성원을 합친 것보다도 더 많은 성과를 이끌어 냅니다.[16]

은행이나 증권사 같은 금융기관에서도 이러한 현상을 자주 볼 수 있습니다. 팀의 경계를 넘어 다른 동료들이 교차 판매를 할 수 있도록 도움을 주는 중간관리자급 직원들의 생산성을 조사해본 결과, 이들은 재정적인 측면에서 평균 직원들보다 6배 더 높은 매출을 일으키고 있었습니다.

한 가지 아쉬운 점은 조직 내 엑스트라 마일러들이 상대적으로 인정받지 못하는 환경에 처해있다는 것입니다. 통상적으로 엑스트라 마일러들의 절반 정도만 개별 성과 관점에서 고성과자로 인정받기 때문입니다. 자세히 들여다보면, 오히려 조직 내 '고성과자'들 중 20%는 다른 사람들을 잘 돕지 않는 각자도생형입니다. 아마 경영자라면 다른 부서의 업무를 돕다가 본인 업무에서 실수를 한 직원을 혼내본 경험이 한 번쯤 있을 것입니다.

상황이 이렇다 보니, 역설적이게도 조직 전체의 효율과 혁신을 촉진하는 엑스트라 마일러들의 직무 만족도는 매우 낮습니다. 골드만삭스와 GE의 최고학습책임자를 맡았던 스티브 커는 "회사들이 협업을 바라면서도 정작 개인적인 성취에만 보상을 한다"며 개인의 성과가 아닌 협업에 대한 보상 체계도 별도로 마련해야 한다고 역설했습니다.[17]

재밌는 것은 성별에 따라 협업하는 방식에도 차이가 있다는 것입니다. 2014년 허핑턴 포스트가 미국인들을 대상으로 실시한 설문조사에 따르면 남자들은 동료의 도움에 지식이나 전문성, 즉 정보자원을 공유할 가능성이 36% 더 많았습니다. 반면 여성들은 어려움에 처한 다른 사람들을 직접적으로 도와줄 가능성이 66% 높았습니다. 이는 특별히 여성 엑스트라 마일러들이 남성 대비 번아웃이나 직무정체성 혼란을 겪을 확률이 높다는 것을 시사합니다.[17]

그래서 시스템이 아닌 '문화'적 관점에서 고민하지 않으면 엑스트라 마일러들을 향해 저성과자 혹은 자기 일도 제대로 못하면서 타 부서 업무에 참견하는 사람으로 여기는 우를 범하기 쉽습니다. 이들은 개인 성과보다는 조직 성과에 기여하는 측면이 크기에, 다면평가나 최고의 동료상, 이 달의 우수 지식상 등을 통해 이들의 성과를 평가 체계에 반영하는 것이 인사 업계의 최근 흐름입니다.

즉흥적 협업을 이끌어내는 오픈 스페이스 워크샵

GE에는 전사 지식 공유를 책임지는 별도의 부서가 있습니다. 이 부서의 책임자인 댄 란타(Dan Ranta)는 30만 명의 직원들이 서로 지식을 공유하는 시스템을 만들었지만, 정작 지식 공유로 발생한 성과는 균일하지 않았음을 발견했습니다. 몇 번의 정량적 분석을 통해, 지역이나 사업부로 묶여있던 기존의 지식 공유 그룹을 재구성하여 27개의 지식공유 커뮤니티를 만들었습니다. 해당 커뮤니티에 참여한 1,172명의 내부 직원들은 1년간 총 513개의 고객 문제를 해결하고 생산성 측면에서 110만 달러 이상의 비용 손실을 막을 수 있었습니다.[18]

아쉽게도 이러한 대기업의 성공 사례는 실질적인 가이드라인이 되기는 어렵습니다. 그래서 100명 이하의 작은 조직에서 숨어있는 엑스트라 마일러들을 발굴하기 위해 자주 사용하는 기법 중 하나인 '오픈 스페이스 워크숍'을 소개합니다.

오픈 스페이스 워크숍은 작은 조직 내에서 즉흥적이고 창의적인 협업을 촉진하기 위한 1시간짜리 워크숍입니다. 이 1시간 동안 참여자들은 직급과 부서를 잠시 내려놓고 하나의 팀으로서 조직 성과 창출에 필요한 아이디어를 자율적으로 제안합니다.

누구나 질문 보드에 질문을 작성할 수 있고, 해당 질문에 대해 토의하고 싶은 사람들이 자율적으로 모여 토론하고 관심이 사라지거나 토의가 종료되면 다른 질문보드로 향할 수 있습니다. 모든 질문보드에는 토의 내용과 토의에서 도출한 해결책이 작성되고, 이 해결책들은 투표를 거쳐 공식적으로 프로젝트화 및 사업화됩니다. 조직의 협업 문화에 따라 한 번의 워크샵만으로는 즉흥적인 협업과 혁신제목이 나오기 어려울 수 있습니다. 그런 경우에는 작게 4~5명 정도로 시행해 본 후 특정 부서나 전사로 확대해 나가는 방법을 추천합니다.

—— Ch4 ——

"일단 작게 시작해봅시다"
빠르게 가설을 시도하는 적응적 계획

3개월 만에 0명에서 10,000명 SNS 채널을 키워낸 B 기업

경기도에 위치한 광고대행업체 B 기업은 15명으로 이루어진 작은 조직으로, 효과적인 광고 집행을 위해 여러 개의 유튜브 및 SNS 채널을 운영하고 있었습니다. 그러나 경쟁이 심화되고 시장 변화가 가속화됨에 따라 기존 SNS 채널의 방문자 수와 조회 수가 감소세에 접어들었고, 이에 대응하기 위해 새로운 카테고리의 SNS 채널이 필요했습니다.

B 기업은 '반려동물을 주제로 한 계정에서 3개월 내 10,000명의 팔로워 확보'라는 목표를 세우고 프로젝트를 진행했습니다. 매일 꾸준히

피드를 올리며, 사람들이 팔로우할 만한 내용과 노출 방식을 찾아내기 위해 30개의 가설을 세우고, 이를 하나씩 실행해 검증했습니다. 초기 단계에서 빠르게 30개의 가설을 테스트한 결과, 가장 효과적인 3가지 방법을 도출했고, 이를 지속적으로 실행 및 고도화했습니다.

가장 성공적인 전략 중 하나는 채널의 신뢰도와 게시물의 수에 대한 가설이었습니다. 게시물 수를 공격적으로 늘리며, 게시물과 릴스를 구분하지 않고 릴스 역시 카드뉴스와 비슷한 썸네일로 제작해 일관성을 유지했습니다. 또한, 새로운 카테고리인만큼 어떤 콘텐츠가 높은 도달율을 보일지 명확히 알 수 없었기에, 한 달간 게시된 콘텐츠를 데이터화하여 콘텐츠 타입에 대한 가설을 추가로 검증했습니다.

그 결과, 목표했던 3개월보다 빠른 68일 만에 10,900명의 팔로워를 달성하는 성과를 거두었습니다. 뿐만 아니라, 해당 프로젝트에서 발굴된 지식(Lesson Learned)을 다른 채널에도 수평 전개하여, B 기업의 다른 채널 성장에도 기여할 수 있었습니다.

Think Big, Start small, Scale fast

많은 조직이 혁신을 원하지만, 그 열매를 쉽게 수확하지 못하는 이유는 혁신엔 알려진 정답이 없기 때문입니다. 기존의 방법이나 경험은 혁신 목표에 맞지 않을 뿐 아니라, 때로는 방해가 되기도 합니다. 혁신을 이뤄내기까지는 리스크를 감수해야 하고 비용 또한 기존 사업과 비슷하게 들어가니, 실무자들이 '혁신'이란 단어에 부담을 느끼고 회피하는 것도 이상한 일은 아닙니다.

일반적으로 목표에 도전할 때 조직은 '예측적 계획' 방식을 사용합니다. 초반에는 집중적으로 계획을 세우고, 그 계획을 꾸준히 실행한 뒤 마지막 시점에 목표 달성 여부를 점검하는 방식입니다. 이러한 방식은 조직이 루틴적으로 해온 일이거나 이미 왕도가 있는 경우에는 효율적입니다. 그러나 혁신적인 사업이나 목표를 설정할 때는 기존 경험이나 방법론에 의지할 수 없기에 이런 방식이 적합하지 않습니다.

이 때문에 혁신적인 조직들은 '적응적 계획' 방식을 도입하고 있습니다. 적응적 계획 방식에서는 '계획-실행-검증'의 주기를 작게 쪼개어 여러 번 반복합니다. 완벽한 계획을 세우기보다는 실행 가능한 작은 계획을 먼저 세우고, 최소 2주에서 최대 6주 정도의 주기(Iteration) 동안 계획한 바를 실행한 후 얻은 결과를 바탕으로 다시 계획을 수정합니다. 이런 방식은 해당 분야나 사업에 대한 리스크는 줄이면서 경험을 압축적으로 쌓을 수 있어 효과적입니다.

적응적 계획 방식의 이점은 혁신 리스크를 줄이는 동시에, 시장 변화나 피드백에 빠르게 대응할 수 있다는 것입니다. 이는 작은 규모의 실험적 실행을 통해 실패의 부담을 줄이면서도 성공적인 전략을 빠르게 찾을 수 있는 효과적인 방법입니다.

혁신적인 목표를 실행할 때 영어권에서 자주 사용되는 원칙인 'Think Big, Start Small, Scale Fast'는 적응적 계획 방법을 효과적으로 설명합니다. 이 원칙은 혁신적인 목표를 작고 짧게, 그리고 증분적으로 실행하는 방식을 의미합니다.

- **Think Big** (크게 생각하라): 적응적 계획 방법론은 루틴적인 업무나 현상유지적인 목표보다는 혁신적이고 새로운 도전을 위한 방식입니다. 큰 그림을 그리며 미래의 가능성을 열어두고, 과감한 목표를 세우는 원칙을 설명합니다.

- **Start Small** (작게 시작하라): 큰 목표를 세운 뒤에는, 목표를 작은 가설과 실행 단위로 쪼개어 검증하는 과정이 필요합니다. 혁신적인 목표를 달성하기 위해 필요한 요소들, 즉 고객과 시장, 기술 등은 미지의 영역이기 때문에 이를 작은 가설로 나누어 하나씩 테스트합니다. 고객의 행동, 경쟁 제품, 기술적 격차에 대한 정확한 예측이 어려운 상황에서는 작고 빠르게 실행하면서 점차 데이터와 확신을 쌓아가는 것이 효과적입니다.

- **Scale Fast** (빠르게 확대하라): 검증된 가설과 실행에서 얻은 결과를 바탕으로 빠르게 확장하는 것이 중요합니다. 혁신적인 목표를 추구하는 과정에서는 모두가 신입과 같기 때문에, 탁상공론보단 실제 실행에서 나온 결과가 가장 큰 의미를 갖습니다. 실행을 통해 배운 교훈을 기반으로 다음 주기를 빠르게 설정하고, 성과를 점진적으로 축적해 나갑니다. 이러한 과정을 거칠 때 최종적으로 큰 혁신 목표를 달성할 수 있습니다.

B 기업의 경우, 반려동물 관련 채널 운영에 대한 지식을 가진 구성원이 없었습니다. 따라서 3개월의 시간을 2주 단위로 쪼개어 6번의 주기를 거쳤고, 매 주기마다 실행을 통해 초기 가설들을 빠르게 검증해 나갔습니다. 이후 검증된 가설들을 공격적으로 적용하여 불가능해 보

였던 목표를 초과 달성하는 성과를 이루었습니다.

적응적 계획 실행 시 주의할 점

적응적 계획을 실행할 때 주의해야 할 점이 있습니다. 바로 측정 가능한 가설을 세우는 것입니다. 측정 가능한 행동과 측정 가능한 결과가 연결되어 있는 가설이어야 합니다. 예를 들어, '매일 5번의 콜드콜을 진행하면 2주 뒤에 신규 보험가입자가 10명 발생할 것이다'라는 가설을 세운다면, 콜드콜은 측정 가능한 실행이고 신규 보험가입은 측정 가능한 결과가 됩니다. 만일 이런 측정 가능한 가설이 없으면 적응적

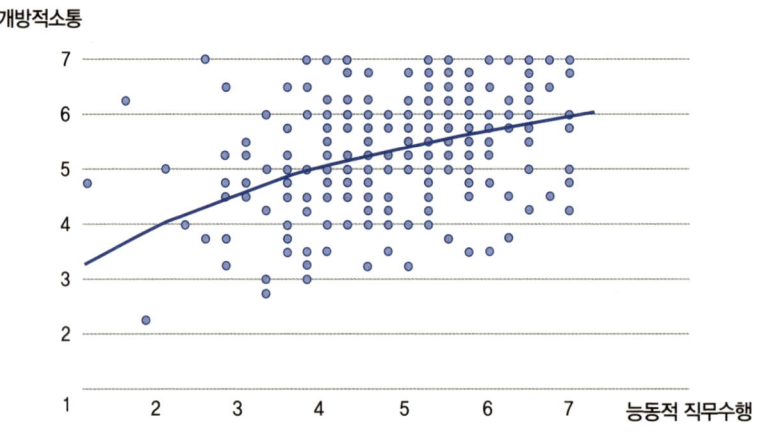

능동적 직무수행과 개방적 소통 간의 상관관계

계획의 실행은 Start small(작은 가설을 빠르게 실행)이 아닌 Just do it(가설 없이 그냥 실행)이 되어 어떤 가설이 효과적인지 확인하기 어렵게 됩니다.

한편, 100인 이하 조직을 대상으로 한 조직역동성 진단에 따르면, 능동적으로 직무를 수행하는 조직일수록 실수나 실패에 관용적이라고 합니다. 반대로 말하면, 실수나 실패에 민감한 조직에서는 적응적 계획이 효과적이기 어렵다는 것입니다. 적응적 계획은 빠르게 실패하여 다음 실행을 고도화하는 사이클을 그려 나가는 것이므로 실패에 대한 관용이 매우 중요합니다.

물론 실패에 대해 무조건 관용적이어야 한다는 의미는 아닙니다. 예방 가능한 실패(제안서에 연락처를 잘못 기입하여 고객 연락을 못 받은 것 등)는 관용의 대상이 아닙니다. 하지만 실험적인 실패(새롭게 제안서를 버전 업하여 영업을 시도하는 것)에는 관용이 필요합니다. 능동적인 조직을 만들고 싶다면 실험적인 실패에 대해서는 교훈을 도출하고 다음 실행을 고도화하는, 이른바 실패에 대한 철학이 필요합니다.

적응적 계획을 활용한 기업들의 압도적인 생존력

하버드 비즈니스 리뷰(2021)에 적응적 계획의 중요성을 잘 보여주는 흥미로운 연구 결과가 있습니다. 보코니대 경영학 교수 아르날도 카무포와 인시아드 경영대학원의 키아라 스피나 조교수가 진행한 연구에 따르면, 린 스타트업 방법론을 적극 채택한 스타트업들은 그렇지 않은 스타트업들에 비해 평균 매출액이 8배 높았고, 중앙값 기준으로는 2.5배 더 높은 매출을 기록했습니다.[19]

이어 2024년에 실시된 사후 연구에서는 보코니대 경영학 교수 알폰소 감바르델라 교수와 연구진이 759개의 스타트업을 대상으로 적응적 계획 방법론을 교육하고 몇 개월에 걸쳐 추적했습니다. 그 결과, 수익률 상위 25% 스타트업 중 적응적 계획을 활용한 기업은 평균 2만 8,000유로를 더 벌었고, 상위 5%에서는 49만 2,000유로를 더 벌었다는 결과가 나왔습니다.[20]

이뿐만이 아닙니다. 우리 나라에서도 적응적 계획 방법의 효과가 입증되었습니다. 2018년에 한국산업기술진흥협회(KOITA) 가입 회원을 대상으로 한 연구에서, 적응적 계획 방법론의 하나인 린 스타트업을 적극적으로 활용하는 280개 기업은 적응적 계획 방법론이 기업 성과에 유의미한 영향을 미쳤다고 응답했습니다.[21]

2023년 연구에서는 '피벗팅'이라는 적응적 계획 방법론을 활용하여 위기를 성공적으로 극복한 기업 사례들이 주목을 받았습니다. 구체적으로, G 기업은 피벗팅을 통해 월 평균 가입자가 1,000명에서 3,000명으로 3배 증가했고, 사용자 리텐션은 25% 상승했으며, 주요 상품군의 매출액은 5.5배 증가했습니다. M 기업은 오프라인 중심에서 온라인으로 피벗한 결과, 전년 대비 2배 이상의 매출 성장을 이뤘습니다. 유통업을 영위하던 D 기업은 500만 원의 작은 자본으로 친환경 포장재 제조에 진출하여 16개월 만에 2개의 특허를 획득하고, 이대목동병원 등 10개 납품처를 확보했습니다. 해당 사업은 별도 법인으로 전환되어 2023년 말 기준 6억 원의 매출을 창출했습니다.[22]

적응적 계획 방법은 혁신과 성장을 위한 강력한 도구입니다. 이는 특히 스타트업과 같이 리소스가 제한된 조직에서 신규 사업을 운영할 때 매우 효과적입니다. 이러한 사실은 많은 연구를 통해 증명되고 있습니다.

작은 성공(Small Success)을 만드는 이니셔티브 백로그

가설을 통해 작은 성공을 반복적으로 쌓아가는 적응형 계획 방법은 매우 효과적입니다. 지금부터는 이를 실무적으로 활용할 때 사용할 수 있는 도구를 소개합니다. 바로 이니셔티브 백로그입니다. 이니셔티브 백로그는 실행가설인 이니셔티브를 누적하여 관리하는 양식으로 각 행마다 가설(Initiative)과 목표치(KR or KPI)를 작성하고 우선순위와 기한, 담당자를 설정하는 원페이지 양식입니다. 이는 프로젝트나 과업 초반에 작성하고 매주나 격주마다 기록 관리하는 양식으로, 매주 실제 하나씩 진행하면서 검증한 후 효과적인 가설에는 자원을 더 투자하고, 미진한 가설은 보강하거나 제거하면서 우리의 실행력과 목표에 대한 이해를 높여가는 데 큰 도움을 줍니다.

이니셔티브 백로그를 사용하면 자연스럽게 일을 쪼개게 됩니다. 가설을 큰 덩어리로 쓰기는 어렵기 때문입니다. 일을 쪼개는 방식에는 두 가지가 있습니다. 한 달을 네 개의 주로 쪼개듯 기간을 쪼개거나 100만 원의 매출목표치를 매일 5만 원으로 쪼개듯 분량을 쪼개는 것입니다. 어떤 방식으로 쪼개든 큰 목표를 작게 분할하는 것만으로도 실행력이 높아집니다. 동일한 무게라도 1톤의 콘크리트를 옮기는 것보다 1톤의 물을 옮기는 것이 더 쉬운 이유는 물은 나누어 옮길 수 있기 때문입니다. 10m를 멀리뛰기하는 것은 어렵지만, 1m씩 10번 멀리뛰기 하는 것은 상대적으로 쉬운 것과 마찬가지입니다.

예지력을 키우는 것보다 적응력을 키우는 것이 합리적입니다. 목표에 대해 최대한 많은 가설을 세워보고 실제 실행하면서 달성률을 점진적으로 키워가시길 바랍니다. [부록2. 이니셔티브 백로그 참고]

―― Ch5 ――

"다른 부서와도 더 많이 소통합시다"
전문성을 강화하는 대화의 선

소통 방식 변경으로 목표를 조기 달성한 S 기업 설비팀

경기도에 위치한 S 기업 설비팀을 코칭할 때의 일입니다. 총 10명으로 이루어진 설비팀은 생산라인 설비의 수리, 개선 등을 담당하고 있었습니다. 이 팀은 팀원들마다 경험과 능력이 상이했습니다. 신입사원이 많았고, 각자 맡은 일만 잘 처리하는 분위기였습니다. 어느 날, 팀은 회사로부터 '분기 내 설비 개선을 통해 양산효율을 증대하라'는 과제를 부여받았고 해당 과제의 성공을 위해 성과관리 코칭이 진행되었습니다. 코칭 세션에서 저는 팀에게 "만약 아무런 제약 없이 우리 팀에서 단 한 가지를 바꿀 수 있다면 무엇을 바꾸고 싶습니까?"라고 질문했습니다. 약간의 침묵이 흐른 뒤, 구석에 조용히 앉아있던 대리급 팀원이 뭔가 결심한 표정으로 이렇게 말했습니다. "일을 제대로 하려면 유관부서와 지속적으로 소통해야 하는데, 우리는 사실 서로가 무슨 일을 하는지 잘 모릅니다. 부서 내 소통을 할 때도 애매하게 말하기보다는 숫자를 사용해서 구체적으로 얘기하면 좋겠습니다."

외부 전문가가 있는 자리에서 나온 불만 섞인 의견에 설비팀장님은 순간 당황한 모습을 보였지만, 팀원의 의견에 적극 동의하며 "맞습니다. 저는 우리 팀 내에서 이런 이야기가 더 많이 나와야 한다고 생각합니다"라고 말했습니다. 그 순간을 기점으로 팀원들이 과제 성공을 위한 의견을 적극적으로 내기 시작했습니다. 1시간 40분에 걸친 코칭 세션 결과, 팀은 3가지의 소통 방식을 합의했습니다. 숫자를 중심으로 더 명확하게 소통하고, 정기적으로 얼굴을 맞대고 회의하며, 다른 부서와 더 많이 소통하자는 것이었습니다.

팀은 매주 회의를 열어 숫자 중심의 대화를 나누고, 부서 간 소통을 강화하면서 빠르게 성과를 내기 시작했습니다. 설비팀의 열정에 호기심이 생긴 생산팀까지 자발적으로 코칭에 참여했습니다. 그 결과, 팀은 목표했던 양산율을 초과 달성했습니다.

코칭 마지막 세션 때 서로 과제 마무리 소감을 나누었는데, 한 팀원은 "우리가 적용했던 소통 방식을 회사뿐만 아니라 가정에도 적용해볼까 합니다"라고 했습니다. 또 다른 팀원은 "우리 팀 분위기가 좀 삭막했고 대화도 거의 없었는데, 매일 15분씩 짧게 미팅을 하며 커뮤니케이션이 많이 늘어나서 좋았습니다"라는 소감을 발표했습니다.

내가 편한 소통 방식 vs 목표를 달성하는 소통 방식

목표 달성에는 해당 목표에 적합한 전문성이 필수적이며, 이 전문성은 조직 내에서의 소통을 통해 흘러갑니다. 우리 조직이 소통하고 있는 사람들 및 부서를 연결한 것을 '대화의 선'이라고 부릅니다. 대화의 선은 기업의 전문성이 흐르는 통로로, 우리의 몸의 혈관이자 신경망과 같습니다. 혈관이 막히면 해당 부위가 썩거나 움직이지 않듯이, 대화의 선은 우리 조직의 혁신지속능력에 매우 중요한 역할을 합니다.

앞서 소개한 S 기업 설비팀의 사례에서도 각자 자신이 맡은 설비만 주도적으로 관리하다 보니 따로 소통하고 따로 일하는 문화가 자리 잡혀 있었습니다. 그러다 보니 처음 코칭을 진행할 때는 경영진에게 결과를 보고해야 하는 팀장만 의견이 많았고, 팀원들은 주로 듣기만 하거나 무관심한 태도를 보였습니다.

만약 이 팀의 과제가 단순히 기존 업무를 열심히 수행하는 것이었다면, 굳이 소통 방식을 바꿀 필요는 없었을 것입니다. 하지만 양산율을 높이기 위한 과제가 주어졌기에 생산팀과의 소통이 필수적이었고, 기존의 소통방식이 걸림돌이 된 것입니다.

다행히 팀원들은 새로운 목표에 맞춰 소통 방식을 바꿔야 한다는 필요성을 이미 인식하고 있었고, 각자가 생각하는 이상적인 소통 방식을 공유했습니다. 팀장 역시 자신의 의견만 고집하기보다는 팀원들의 의견을 종합하는 방향을 선호했습니다. 이로 인해 팀 내 소통이 활발해졌고, 협업의 질이 크게 향상되었습니다.

흔히 직급이 높고 경험이 많을수록 '기본적인 것'이 많아지기 때문에 실무자들에게 필요한 정보가 제대로 전달되지 않는 경우가 자주 발생합니다. 또한, 재직 기간이 길어질수록 팀의 경계를 지켜야 한다는 인식이 강해져 팀 간 협업이 부족해지는 경우도 많습니다. 이러한 경향은 특히 대기업이나 공공기관과 같은 대규모 조직에서 두드러집니다. MZ세대에게는 이러한 문화가 위계질서나 수직적 문화로 비칠 수 있습니다. 재밌는 것은 정작 이들에게 주도적으로 일할 수 있도록 업무를 주면 "일이 너무 많다"고 하거나 "지시가 분명하지 않고 말이 바뀐다" 등의 불만을 토로한다는 것입니다. 대기업에서는 위계질서가 엄격해 퇴사를 선택하고, 스타트업에서는 업무 체계가 없어 퇴사하는 모순이 만연한 상황입니다.

결국, 핵심은 '대화의 선'입니다. 조직의 비전과 미션, 핵심 전략을 실현하기 위해서는 조직 구성원 간의 전문성을 어떻게 연결할 것인지 고민해야 합니다. 자율성은 압도적인 전문성에서 나옵니다. 우리 조직이 해결해야 할 과제가 팀 간 협업이 필요한 일이라면, 반드시 해당 팀과의 정기적인 소통 채널을 구축해야 합니다. 과제 수행에 필요한 전문성이 부족하다면 내·외부 전문가와의 소통 채널도 마련해야 합니다. 앞 장에서 언급한 적응적 계획법을 사용한다면 팀 내 소통 주기와 팀 간 소통 주기를 명시하는 것이 성공적인 성과 달성에 큰 도움이 됩니다.

물론 가장 좋은 것은 애초에 전문성도 있으면서 시키지 않아도 두루두루 소통하는 사람을 뽑는 것입니다. 이러한 이유로 혁신기업들은 전문성과 컬처핏(문화적 적합성)을 중심으로 채용 프로세스를 재편하고,

스타트업들은 이전 직장에서의 레퍼런스 체크를 실시합니다. 전문성이 없거나, 전문성이 있어도 소통을 꺼리는 사람은 조직의 성과에 기여하기 어렵다는 것을 잘 알고 있기 때문입니다.

옆자리 동료를 바꿨더니 매출이 25% 급증했다

1970년대 MIT 토머스 앨런 교수는 다국적기업 연구소 기술자들 간의 의사소통을 연구했습니다. 연구 결과 그는 멀리 떨어져 앉은 사람들끼리는 대화가 극히 줄어드는 현상을 발견했고 이를 '앨런 곡선'으로 명명했습니다. 이 앨런 곡선은 이후 기업 환경뿐 아니라 심지어 국회에서조차 재현되었습니다. 2015년에 수행된 한 연구를 보면, 미국 상원의원들은 소속 정당과 상관없이 가까이 앉은 사람의 법안을 지지할 가능성이 더 큰 것으로 나타났습니다.[23]

애자일 경영에서는 이를 일컬어 '삼투압적 의사소통'이라고 합니다. 이는 근처에 앉은 사람과는 직접 소통하지 않아도 그가 하는 말이나 행동을 자연스럽게 참고하게 되면서 해당 업무에 대한 전문성이 전이되는 현상을 의미합니다. 이처럼 대화의 선은 같은 슬랙이나 플로우 방에 초대한다고 해서 생기는 것이 아니라 실제로 가까운 거리에 있을 때 발생합니다. 아마존이 결국 재택근무 전면 철회를 선언한 것 또한 삼투압적 의사소통을 촉진하기 위함이라고 보아도 무방합니다.[24]

이와 관련해서 2018년 하버드 비즈니스 리뷰에 국내 조직을 대상으로 한 재밌는 연구가 실렸습니다. 카네기 멜런대 이선기 교수는 익명을 요청한 어느 이커머스 회사의 성과를 분석하던 중, 사옥을 이전한 시점을 기준으로 매출이나 신상품 출시빈도가 크게 개선된 것을 발견했습니다. 사옥을 이전하면서 원래 따로 떨어진 공간에서 일하던 MD들 중 60명이 공간 제약상 다른 팀들과 사무실을 함께 쓰게 되었는데, 사무실을 옮기기 전보다 평균 25% 더 많은 신규 업체 거래를 따낸 것입니다. 심지어 잘 몰랐던 동료와 나란히 앉은 MD의 하루 평균 거래 수익이 사무실을 옮기기 전보다 40% 더 늘어난 1만6,510달러를 기록하는 일도 일어났습니다.[23]

이선기 교수는 이러한 현상에 대해 다음과 같이 설명했습니다. "일단 전문 분야에서 충분히 배운 다음 새로운 사람과 만나면 창의성이 더 높아질 겁니다. 특히 가까운 거리는 새로운 동료와 신뢰를 쌓고, 가치 있는 참신한 지식을 나누도록 촉진합니다. 이런 역량이 주어지면 새로운 지식을 결합해서 혁신을 일으킬 수 있습니다."

100인 이하 조직을 대상으로 진행한 조직역동성 연구에서도 능동적 직무수행과 개방적 소통의 관계를 확인할 수 있습니다. 능동적인 조직일수록 조직 내 의견을 교환하거나 의사를 표시하는 빈도와 범위가 크고, 정보가 투명하게 공유되는 경향이 있습니다.

확실한 실행을 담보하는 COP와 디브리핑

국회입법조사처에 따르면 2019~2023년 5년간 전체 공무원 퇴직에서 임용 5년 이내 신규임용 공무원의 퇴직이 차지하는 비율이 2019년 17.1%에서 지난해 23.7%까지 지속적으로 증가한 것으로 나타났습니다. 신입, 이른바 MZ세대들이 점점 공무직을 떠나고 있습니다.

일반직 공무원 6,170명을 대상으로 실시한 한국행정연구원의 '2022년 공직생활실태조사' 및 후속연구에 따르면 M세대는 새로운 아이디어의 제안, 혁신, 변화 등의 속성을 강조했을 때, Z세대는 조직이 구성원 간 자유롭고 합리적인 방식의 의사소통을 활성화하고 수평적이고 관계지향적인 문화를 지향할 때 이직 움직임이 감소한다는 것을 밝혀냈습니다. 그러면서 이런 현상에 대해 명확한 업무지침, 책임의 명확화 등으로 공무원의 직무 예측가능성을 높여 주는 것이 중요하다고 덧붙였습니다.[25]

특히 혁신적인 목표를 부여받은 조직에서는 소통이 더욱 중요합니다. 이때 소통은 팀장이나 특정 팀원의 소통 스타일이 아닌 실행 중심적으로 이루어져야 합니다. 목표를 달성하기 위한 효과적인 실행에 초점을 맞추고, 이를 지원하는 소통 방식이 필요합니다.

앞에서는 대화의 선 자체의 중요성을 강조했다면, 지금부터는 그 대화의 선을 더 굵고 탄탄하게 만드는 소통 방법을 소개해 드리려 합니다. 바로 COP와 디브리핑입니다. COP는 Context(맥락), Outcome(결과물), Principle(원칙)의 약자로, 부서 내외와 소통할 시에 명확한 소통을 위해 관련 맥락과 희망하는 결과물, 업무 수행 시 지켜야 하는 원칙을 함께 전달하는 소통법입니다. 비즈니스 소통은 결과물 중심적으로 소통하는 것이 기본입니다. 단순히 문제만 언급하거나 혹은 수행해야 하는 활동만 명시한다면 같은 부서 내에서도 협업이 잘 이루어지지 않을 것입니다. 또한 동일한 단어도 부서나 직급에 따라 해석이 다를 수 있기 때문에 업무요청자는 자신의 맥락 하에서 상대방이 생각하고 판단할 수 있도록 업무 맥락을 충분히 설명해야 합니다. 마지막으로 우리 부서에게는 당연한 원칙(중요한 일정은 빨갛게 칠한다)이 타 부서에서는 당연하지 않을 수 있으므로(중요한 일정은 볼드 처리한다) 이 역시 꼼꼼히 전달해야 나중에 재작업하는 불상사를 피할 수 있습니다.

디브리핑(Debriefing)은 말 그대로 상대방이 말한 것을 다시 반복하여 요청을 제대로 이해했음을 상호 확인하는 것입니다. 구두, 전화, 메일 등 어떤 수단으로든 상대방이 요청한 COP를 상대방의 언어로 다시 말하는 과정에서 놓친 부분, 혹은 전달받은 COP 중 추가적인 확인이나 조정이 필요한 부분을 파악할 수 있게 됩니다.

CODE #3.

최고의 복지는 동료다,
지원적 리더십

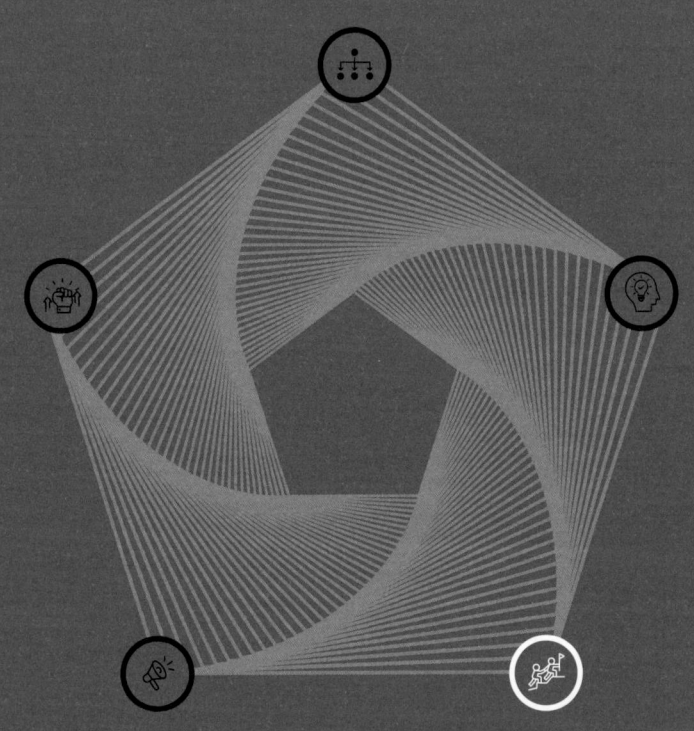

Supportive Leadership

Ch1. "마음이 다쳤단 말이에요" MZ세대의 마음을 사는 대화법

Ch2. 기분만 나쁜 피드백이 아닌, 팀원을 움직이게 하는 피드백

Ch3. JUST DO IT? NO, 거인의 어깨 위에서 일하세요!

Ch4. 맞춤 트레이닝이 필요한 이유?

Ch5. 도움이 필요할 때 찾아 갈 수 있는 사람이 있는가

— Ch1 —

"마음이 다쳤단 말이에요" MZ세대의 마음을 사는 대화법

성수에 위치한 35명 규모의 라이프스타일 굿즈를 판매하는 O 기업이 있습니다. 경영자를 포함한 구성원 모두가 소위 말하는 MZ세대로 젊은 축에 속하는 조직입니다. 하루는 마케팅 프로모션 미팅을 하는데, 한 팀원이 경영자에게 이렇게 말했습니다. "저는 이 유튜브 영상 왜 찍어야 하는지 모르겠어요. 이유 좀 알려주세요." 자칫 무례하게 느껴질 수 있는 질문이었지만, 경영자는 팀원의 말에 유튜브 영상을 찍게 된 이유와 맥락을 친절하게 설명하였습니다. 설명을 들은 팀원은 이렇게 답했습니다. "그런 맥락이라면 영상에 적용해볼만한 아이디어가 하나 있습니다."

여러분은 이 조직의 대화법이 어떻게 느껴집니까? 구성원은 모르는 것은 모른다고 말하고, 경영자는 자신이 생각하는 방향성을 구성원들에게 설득하는 대화는 더 이상 일부 기업만의 모습이 아닙니다.

MZ 세대가 원하는 요즘 리더십 모습

팀장 교육을 하며 리더로서의 가장 큰 고민을 물어보면 대부분 '세대 차이'와 '소통'에 대한 어려움을 토로합니다. 그만큼 많은 리더가 새로운 MZ 세대 팀원과의 소통에 어려움을 겪고 있다는 의미일 것입니다. 하루는 의료기기 제조 유통을 하는 회사의 팀장님과 대화를 나누게 되었습니다. 그분은 자신이 요구한 대로 마케팅 프로모션 콘텐츠를 수정하지 않았다는 이유로 팀원에게 단호하게 피드백을 했다고 합니다. 그러고는 며칠이 지나지 않아 원온원을 하는데, 팀원이 며칠 전 팀장의 피드백으로 인해 마음이 다쳤다며 하소연을 했다는 것입니다. 팀장은 어이가 없다는 듯 헛웃음을 지으면서, "마음이 상했다고요? 회사에서 피드백 받았다고 마음이 상했다고 말하는 거야말로 말이 된다고 생각하세요?" 팀장은 팀원의 말이 이해되지 않는다는 식으로 불평을 쏟아 놓았습니다. 왜 이런 상황이 생길까요?

기존 세대는 주로 위계적인 구조에서의 소통을 경험했기에, 상명하달식 의사소통이 익숙합니다. 이들은 명확한 지침과 책임 분담에 초점을 맞추고, 정보 전달과 명령의 일관성을 중요하게 여깁니다. 즉, 조직 내에서 이루어지는 상사와 부하직원 간의 소통은 공식적이고 권위적인 관계가 그 기반이 됩니다.

반면, MZ 세대는 이러한 수직적 관계보다는 수평적이고 상호적인 소통을 선호합니다. 이들은 투명한 의사결정 과정과 자율성을 중시하며, 자유로운 분위기 속에서 상사와 피드백을 주고받길 원합니다. 또한, 이들은 디지털 환경에 익숙하여 이메일, 메시지 앱, 화상 회의 등을 통한 빠르고 즉각적인 소통을 기대하는 경향이 강합니다.[26] 결국, 기존 세대가 위계적이고 일방적인 소통 방식에 익숙한 반면, MZ 세대는 쌍방향 소통을 통해 자신이 조직 내에서 인정받고 있음을 느끼고, 더 자율적으로 일할 수 있는 환경을 요구한다는 점에서 차이가 있습니다.

피터 드러커는 "인간에게 가장 중요한 능력은 자기 표현력이며, 현대의 경영이나 관리는 커뮤니케이션에 의해 좌우된다"고 강조했습니다. 이는 오늘날의 경영 환경에서 리더십의 핵심이 무엇인지 명확히 보여줍니다. 소통 리더십은 단순한 정보 전달을 넘어, 리더가 팀원과의 관계 속에서 신뢰를 구축하고, 그들의 잠재력을 끌어내는 중요한 도구입니다. 리더가 명확하게 의사소통을 할 때, 팀원들은 조직의 목표와 비전이 자신과 어떻게 연결되는지 더 잘 이해하게 되며, 이는 궁극적으로 업무 몰입도와 성과로 이어집니다. 특히 MZ 세대는 자신의 생각을 표현할 수 있는 환경을 중요시하기에, 이러한 환경을 만들어 주는 소통 리더십은 이들의 요구에 부합하는 필수적인 리더십 스타일입니다. 따라서, 경영의 성패는 리더가 얼마나 효과적으로 소통할 수 있느냐에 달려 있다고 할 수 있습니다.

우리는 지금 개별화 시대에 살고 있다

우리가 살고 있는 현 시대를 한 마디로 표현하면 '개별화 시대'가 아닐까요. 옛날처럼 팀 전체가 모여 "화이팅!"을 외치는 것만으로는 동기부여가 되지 않습니다. 이제는 각 개인이 무엇을 좋아하고, 어떤 방식으로 동기부여 되는지를 잘 알아야 합니다. 예를 들어, A 팀장은 단체미팅에서 이렇게 말합니다. "지난달 마케팅 성과가 좋지 않았어요. 이번 달에는 더 힘써 봅시다!" 하지만 B팀장은 이렇게 말합니다. "지원님, 데이터를 분석하는 걸 좋아하시죠? 이번에 마케팅 데이터를 분석해서 팀원들과 공유해보는 건 어떨까요?" 어떤 방식이 더 효과적일까요? 당연히 후자일 것입니다.

특히 MZ세대는 개인의 성장을 중시하고, 맞춤형 피드백과 발전 기회를 기대합니다. 글로벌 컨설팅 기업 딜로이트의 보고서에 따르면, 구성원이 일대일로 만나는 수시 성과 관리를 도입하면서 조직의 자발적 이직이 30% 이상 줄고, 직원 몰입도는 크게 올랐다고 합니다. 개별화 관점을 가지고 개개인이 가지고 있는 강점에 집중하여 업무를 부여하고, 피드백하고, 성장을 촉진할 때 구성원들의 몰입도는 한 층 더 높아집니다.[27]

코칭 리더십이 각광받는 이유

많은 기업이 '어떻게 해야 구성원들을 몰입시킬 수 있을까'를 고민합니다. 글로벌 조사 연구소인 갤럽(Gallup)에서 한국 직장인들을 대상으로 조사한 결과, 직장인 10명 중 9명은 본인의 업무에 몰입하고 있지 못한다고 합니다.[28] 어떻게 하면 팀원들을 몰입시킬 수 있을까요? 사람은 누군가가 시켜서 하는 일이 아닌, 자발적으로 선택한 일을 할 때 더 몰입합니다. 이제는 지시와 명령이 주가 되는 '관리의 리더십'이 아닌 구성원이 스스로 선택할 수 있도록 하는 '코칭 리더십'이 중요합니다. 구성원을 향해 관리해야 하는 대상이 아닌, 관계해야 하는 대상으로 바라보는 것부터가 시작입니다.

한 연구에서는 관리자 코칭 행동이 직원들의 혁신적 행동과 자기 효능감을 증대시키고, 이를 통해 조직의 성과가 향상된다는 결과가 도출되었습니다.[29] 특히, 한국 기업들이 상명하달식 리더십에서 벗어나 수평적 구조로 변화하면서, 직원들의 자율성과 창의성을 촉진하는 방향으로 리더십을 발전시키고 있습니다.

인테리어 업계에 종사하는 K 기업은 약 20명의 현장 소장을 중심으로 운영되고 있습니다. 기존의 소통 방식은 상하 관계에 기반하였기에 일방적이며 권위적이었습니다. 이에 존중받지 못한다고 느낀 구성원들은 얼마 버티지 못하고 퇴사하는 경우가 많았습니다. 그로 인해, 3개월 이내 퇴사율이 50%를 넘는 등 심각한 상황이 이어졌습니다. 그러던 중 한 현장 소장이 코칭 리더십 교육을 받은 후 변화의 필요성을 느끼게 되었습니다. 그는 정기적으로 원온원을 통해 팀원들과 대화를 나누기로 결심하였고, 현장 기사들과 매주 한 번씩 만남을 가졌습니다. 처음에는 서로 어색해했으나, 시간이 지나면서 기사들은 공사 일정 지연 문제나 자재 수급의 어려움 등 자신들이 직면한 현장의 문제들을 소장에게 털어놓기 시작했습니다. 소장은 그들의 고민을 경청하고, 함께 해결책을 모색하는 방식으로 원온원을 진행했습니다.

3개월 후, 한 기사는 소장을 찾아와 "매번 현장의 어려움을 들어주고 해결해 주셔서 감사합니다"라는 피드백을 전했습니다. 이 경험을 통해 소장은 진정한 리더십의 의미를 깨달았고, 앞으로 팀원들과 어떻게 소통해야 할지 명확히 알게 되었다고 고백했습니다. 그 결과, 해당 현장에 파견된 기사들은 단 한 명도 퇴사하지 않고 1년 동안 프로젝트를 성공적으로 마무리했습니다. 이 사례는 코칭 리더십이 조직 내에서 신뢰와 몰입을 이끌어내는 강력한 도구임을 입증한 대표적인 사례로 남았습니다.

지원적 리더십: 관리자 VS. 실무자 관점의 차이

관리자와 실무자를 대상으로 조직역동성 개념에 기반하여 지원적 리더십에 대한 설문조사를 수행한 결과, 예상과는 달리 두 집단 간의 인식 차이가 반대로 나타났습니다. 관리자들은 자신의 리더십 스타일이 지원적이지 않다고 평가하며, 평균 4.7점의 상대적으로 낮은 점수를 부여했습니다. 이는 최근 많은 관리자가 리더십 변화와 요구에 직면하면서, 스스로의 지원적 리더십을 낮게 인식하고 있음을 반영하는 것으로 보입니다. 특히 관리자들은 팀원들에게 충분한 지원과 피드백을 제공하지 못하고 있다고 느끼며, 자신이 기대하는 만큼의 성장을 돕고 있지 않다는 자각이 있는 것으로 나타났습니다.

실무자 VS. 관리자의 지원적 리더십 인식 차이

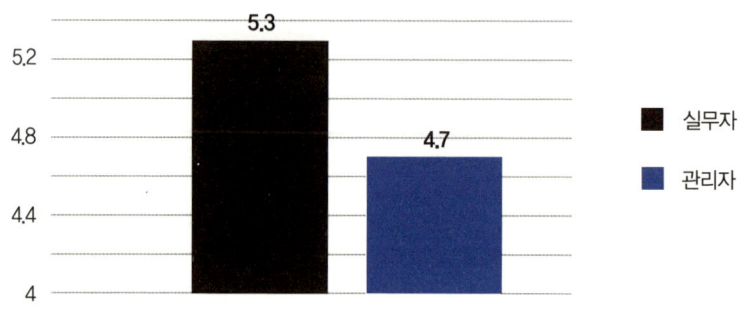

반면, 실무자들은 관리자들의 리더십에 대해 비교적 긍정적인 평가를 내리며 평균 5.3점이라는 높은 점수를 부여했습니다. 실무자들은 관리자가 팀원들의 성장에 기여하고 피드백을 제공하려는 노력을 인식하고 있으며, 경청과 지원 측면에서도 상대적으로 만족하고 있음을 보여줍니다. 이러한 결과는 실무자들이 관리자들의 지원적 리더십을 높게 평가하는 반면, 관리자들은 스스로에 대해 더 비판적 시각을 가지고 있음을 시사합니다. 이는 관리자의 의도와 실무자의 경험 간의 차이를 좁히고, 리더십 역량 개발을 위한 새로운 접근이 필요함을 의미합니다.

—— Ch2 ——

기분만 나쁜 피드백이 아닌, 팀원을 움직이게 하는 피드백

수시 성과관리에 도전하는 S기업

유난히 추운 2023년 어느 겨울 날, 대한민국을 대표하는 S 기업의 피플팀 담당자가 가인지를 찾아왔습니다. 2025년부터 시작되는 절대평가 시행에 앞서 리더십 역량 강화를 고민하고 있었습니다. 기존에는 리더들이 연말 평가 결과에 대해 "A급은 전체 팀원 중 20% 밖에 줄 수 없으니 어쩔 수 없다"며 일종의 핑계를 댈 수 있었습니다. 하지만 절대평가로 전환되면 이런 핑계가 더는 통하지 않을 것이기에 각 등급에 대한 명확한 이유와 맥락을 설명해야 하는 부담이 생긴 것입니다.

이러한 변화에 대응하기 위해 S 기업은 2024년 3월부터 그룹장을 대상으로 원온원 미팅 역량 강화 프로그램을 시작했습니다. 팀장과 본부장급 리더들이 평가자 역할을 보다 효과적으로 수행할 수 있도록, 코칭 방법을 교육하고 코치들의 슈퍼비전을 받으며 실질적인 역량을 쌓는 과정입니다. 프로그램에 참여한 리더들은 자사의 경영자 소통 채널에서 자신들이 원온원 미팅을 통해 경험한 변화를 공유했습니다. 그 자리에서는 '그룹의 방향성에 동의하지 않던 구성원이 원온원을 통해 목표를 이해한 후 더 도전적인 목표를 설정한 사례', '기존에는 리더가 말만 했는데, 경청의 방법을 배우며 구성원의 창의적인 의견을 받아들여 문제를 해결한 사례' 등이 발표되었습니다.

더 나아가, 이러한 사례들은 사례집으로 정리되어 향후 리더들이 수시 피드백 미팅을 진행할 때 참고 자료로 사용할 수 있게 되었습니다. S 기업은 평가 제도뿐만 아니라 구성원의 수용성을 높이기 위해 리더의 원온원 코칭 역량을 키우는 데 중점을 두고 있으며, 이를 통해 구성원들이 본인의 성과에 대한 객관적인 피드백을 받고 성장의 기회로 삼을 수 있도록 지원하고 있습니다.

수시 피드백으로 전환해가고 있는 기업들

최근 성과 관리 트렌드는 연 1회의 공식 평가에 의존하는 전통적인 방식에서 벗어나, 수시 성과 관리(CPM, Continuous Performance Management)로 전환되고 있습니다. 이 새로운 방식은 직원들에게 보다 빈번하고 즉각적인 피드백을 제공하여 그들이 지속적으로 자신의 성과를 조정하고 개선할 수 있게 합니다. 전통적인 성과 관리 시스템은 직원들에게 1년에 한 번의 피드백만을 제공하는 탓에, 실질적인 성과 개선이나 성장에 기여하지 못한다는 비판을 받아왔습니다. 이에 따라 많은 기업이 실시간 피드백과 주기적인 1:1 미팅을 통해 직원들이 목표에 더 잘 맞춰가며 스스로의 업무에 몰입할 수 있도록 돕는 수시 성과 관리로 전환하고 있습니다.

최근 수시 성과 관리로 전환한 글로벌 기업의 대표적인 사례로는 어도비와 마이크로소프트를 들 수 있습니다. 어도비는 2012년에 전통적인 연 1회의 성과 리뷰에서 벗어나 Check-In 시스템을 도입했습니다. 이 시스템은 직원들과 관리자가 정기적인 대화를 통해 성과, 목표, 피드백을 공유하는 방식으로 운영됩니다. 이를 통해 어도비는 자발적 이직률이 30% 이상 감소하는 효과를 경험하였고, 직원들의 성과 및 몰입도 역시 크게 향상되었습니다. 30마이크로소프트 역시 2019년부터 수시 성과 관리를 도입하여, 정기적인 피드백을 통해 직원들이 실시간으로 성과를 조정하고 목표를 달성할 수 있는 환경을 조성했습니다. 이러한 변화는 회사의 혁신 속도와 성과를 높이는 데 크게 기여했습니다.

우리 나라에서는 LG전자와 카카오가 수시 성과 관리로 전환한 대표적인 기업입니다. LG전자는 연간 평가 중심에서 벗어나 수시 피드백을 강조하는 성과 관리 시스템을 도입하여 직원들의 성과 개선과 역량 개발을 적극적으로 지원하고 있습니다. 이를 통해 직원들이 업무 성과에 대한 명확한 피드백을 받고 즉각적으로 개선할 수 있도록 하는 문화를 형성했습니다. 카카오는 성과 관리를 수시로 피드백하는 시스템으로 전환한 이후, 구성원들의 몰입도가 높아졌으며 성과에 대한 투명성과 책임감이 강화되는 효과를 얻었습니다. 이러한 변화는 특히 빠르게 변하는 디지털 환경에서의 적응력을 높이는 데 지대한 도움이 되었습니다.

피드백이 구성원 성장과 성과에 끼치는 영향

트레이너는 고객의 운동 자세나 기술을 실시간으로 피드백함으로써 고객의 부상을 예방하고, 더욱 효율적인 방법으로 운동할 수 있도록 지도합니다. 만약 트레이너가 적시에 피드백을 주지 않는다면, 고객은 자신의 자세가 잘못된지도 모른 채 계속해서 운동을 하게 되고, 그 결과 다칠 가능성이 높아집니다. 이처럼 피드백은 구성원이 자신의 행동을 개선하고 성장하는 데 필수적인 요소입니다. 적절한 피드백을 통해 자신의 현재 상태를 파악하고, 올바른 방향으로 나아갈 수 있도록 돕는 것이 그 핵심입니다.

구성원은 피드백을 통해 자신의 업무 방식과 성과에 대한 객관적인 평가를 받을 수 있으며, 이를 통해 개선해야 할 부분과 강점을 명확히 인식하게 됩니다. 이 과정은 구성원이 자신을 발전시키는 데 필요한 구체적인 방향을 제시하고, 목표 달성을 위한 동기 부여로 이어집니다. 갤럽(Gallup)의 연구에 따르면, 정기적인 피드백을 받은 직원은 그렇지 않은 직원에 비해 12% 더 높은 성과를 내며, 몰입도 역시 크게 높은 것으로 밝혀졌습니다.[31]

또한 피드백은 구성원의 소속감과 신뢰를 강화합니다. 리더의 지속적인 피드백은 자신의 의견이 존중받고 조직이 자신의 성장을 진지하게 생각한다는 감각을 줍니다. 글로벌 컨설팅 펌인 딜로이트(Deloitte)의 보고서에서도 정기적인 피드백 및 대화가 직원들의 몰입도와 성과를 높이는 주요 요인으로 작용하며, 이직률 또한 크게 낮춘다고 지적했습니다.[32]

피드백의 목적: 행동의 변화

"좋았어요" 또는 "좀 더 열심히 해봐요"와 같은 피드백, 즉 구체적인 행동에 대한 설명 없이 막연하기만 한 피드백은 개선 방향을 제시하지 못합니다. "이건 완전히 잘못됐어. 다시 해"와 같은 피드백은 오히려 구성원에게 부정적인 감정만 남길 수 있습니다. "너는 항상 게으르다"와 같은 피드백은 행동 개선보다는 관계를 해치고, 구성원의 동기부여를 저해합니다. 그렇다면 어떤 피드백을 해야 할까요?

피드백을 할 때는 '있는 그대로의 사실을 가지고 말하는 것'이 중요합니다. 사실 그대로 전달한다는 것은 두 가지 중요한 의미를 가집니다. 첫째, 존재 자체(Being)에 대한 피드백이 아닌, 행동 자체(Doing)에 초점을 맞추는 것입니다. 예를 들어, "너는 게으른 사람이야"와 같은 존재에 대한 피드백은 구성원의 성격이나 본질을 공격하는 반면, "오늘 프로젝트 마감일을 지키지 못했어"라는 피드백은 구체적인 행동에 집중합니다. 후자는 구성원이 어떤 행동을 개선해야 하는지 명확하게 전달하기 때문에, 행동 변화를 유도하는 데 더 효과적입니다.

둘째, 견해가 아닌 사실을 바탕으로 피드백을 제공합니다. "난 네가 이 일을 잘 못한다고 생각해"라는 피드백은 개인의 주관적인 견해에 불과하지만, "이 작업에서 오타가 3번 발견되었어"라는 피드백은 구체적인 사실에 근거합니다.

비폭력 피드백 모델: SENSe

피드백을 제공할 때 반드시 피해야 할 부정적인 자극 두 가지가 존재합니다. 팩트(Fact) 자극과 정체성 자극입니다.

먼저 팩트 자극은 피드백을 받는 사람이 "그건 팩트가 아니잖아요!"라고 반발하게 만드는 자극입니다. 이는 피드백이 납득되지 않거나 부정확할 때 발생합니다. 예를 들어 "너는 항상 늦는다"와 같은 표현은 사실에 근거하지 않을 가능성이 높아, 받는 사람으로 하여금 부당함을 느끼게 합니다. '매번', '항상' 같은 과장된 표현이 특히 문제이며, 이러한 표현은 상대방의 감정을 상하게 하고 방어적인 태도를 유발할 수 있습니다.

다음으로, 정체성 자극은 피드백을 받는 사람의 존재 자체를 흔들어 놓는 가장 위험한 자극입니다. "너는 왜 이렇게밖에 못하니?"와 같은 피드백은 피드백을 받는 사람이 자신의 능력이나 가치를 의심하게 만들고, 나아가 정체성에 큰 타격을 줍니다. 이러한 피드백은 구성원이 자신의 능력에 대한 확신을 잃고, 결국 심리적으로 위축되어 퇴사까지 고려하게 되는 상황을 초래할 수 있습니다.

이러한 부정적 자극을 피할 수 있는 효과적인 방법이 있습니다. 바로 SENSe 모델입니다. 이 모델은 'See(관찰)', 'Emotion(감정)', 'Needs(욕구)', 'Suggestion(부탁)'의 네 가지 요소로 구성됩니다. 피드백을 주기 전 먼저 관찰하고, 자신의 감정을 솔직히 표현한 후, 필요한 욕구를 전달하며, 마지막으로 구체적인 부탁으로 마무리하는 방식입니다. 이 과정은 부정적 자극을 최소화하면서도, 상대방이 피드백을 객관적으로 받아들일 수 있도록 돕습니다.

SENSe 모델은 과거를 끌어들이지 않고 현재의 사실만으로 피드백을 제공하며, 상대방의 말을 끝까지 듣고 경청하는 것을 기본으로 합니다. 이 방식은 피드백을 긍정적이고 건설적으로 전달할 수 있는 가장 확실한 방법입니다. 피드백을 받는 이가 자신의 행동을 객관적으로 평가하고 수정할 수 있는 근거를 제공하며, 불필요한 감정적 갈등을 피할 수 있습니다.

SENSe 모델을 활용한 피드백은 단순한 지적을 넘어, 상대방이 수용할 수 있는 방식으로 피드백을 전달하는 효과적인 도구입니다. 회사 내에서 팀장과 팀원의 대화를 통해 이 모델의 적용 사례를 살펴보겠습니다.

마감 기한이 다가왔지만,
팀원의 작업 속도가 느린 것처럼 보일 때

먼저 관찰한 사실을 제시하며 대화를 시작합니다. "지난주 보고서 작업이 마감 기한까지 완료되긴 했지만, 예상보다 시간이 더 소요된 걸 보았어요." 여기서 중요한 것은 관찰(See)입니다. 팀장은 주관적인 의견을 배제하고, 눈에 보이는 구체적인 사실만을 언급합니다.

다음으로 감정(Emotion)을 공유합니다. "저는 이번에 작업이 지연된 걸 보고 약간 걱정이 되었습니다. 다음 프로젝트에서도 비슷한 일이 일어날까 봐 염려되네요." 여기서 팀장은 자신의 감정을 솔직하게 표현하지만, 이를 공격적으로 전달하지 않고 상황을 공유하는 방식으로 감정을 설명합니다.

이어 팀장은 구체적인 욕구(Needs)를 전달합니다. "앞으로 이런 일이 반복되지 않도록 작업 속도를 좀 더 효율적으로 관리할 수 있으면 좋겠어요." 이 단계에서는 팀원이 어떤 행동 변화를 보여야 하는지 명확하게 전달하는 것이 핵심입니다.

마지막으로, 팀장은 해결책을 제안(Suggestion)합니다. "이번 주에 시간을 나누어서 단계별로 진행 상황을 체크해보는 게 어떨까요? 필요한 부분이 있으면 바로 이야기해 주세요." 이렇게 구체적인 행동 방안을 제시함으로써, 팀원은 피드백을 명확히 이해하고 무엇을 해야 할지 알 수 있게 됩니다.

SENSe 모델은 피드백이 일방적인 지시나 비판으로 끝나는 것을 방지하고, 대화를 통해 문제를 함께 해결할 수 있는 방향으로 이끕니다.

이를 통해 피드백을 받는 사람은 방어적인 태도를 줄이고, 피드백을 개선의 기회로 받아들일 수 있게 됩니다.

―― Ch3 ――

JUST DO IT?
NO, 거인의 어깨 위에서 일하세요!

부산에 위치한 J 기업은 10개의 지점을 운영하는 헤어숍으로 지점이 늘어나면서 예상치 못한 문제에 직면했습니다. 어렵게 교육한 신입 디자이너들이 1년도 채 되지 않아 이직하는 문제가 반복되며 서비스 품질에 큰 타격을 입게 된 것입니다. 고객 만족도 역시 하락하며, 회사의 성장을 방해하는 요인으로 자리 잡게 되었습니다.

디자이너들이 더 오랫동안 일하기 좋은 환경을 만들 수 있을 방법을 고민한 끝에, 지식뱅크라는 플랫폼을 도입하게 되었습니다. 이 플랫폼은 기술과 노하우를 공유할 수 있는 공간으로, 레이어드 컷이나 중단발 펌 같은 헤어 기술뿐만 아니라 고객 유치 방법, 블로그 운영법, 고객 리뷰에서 높은 점수를 받는 방법 등 다양한 영업 스킬과 고객 관리 방법을 서로 공유하는 공간으로 활용되었습니다.

이 시스템 덕분에 신입 디자이너들은 입사 후 빠르게 기술과 고객 관리 방법을 습득할 수 있게 되었고, 회사에 정착하는 시간이 단축되었습니다. 신입 디자이너들의 근속년수도 이전에 비해 크게 증가하여, 고객들에게 지속적으로 높은 품질의 서비스를 제공할 수 있게 되었습니다. J 기업의 사례는 구성원 간의 지식 공유와 소통이 조직의 안정성과 성장을 촉진한 좋은 예시입니다.

거인의 어깨 위해서 일한다는 것

마이클 겔브의 『거인의 어깨 위에 올라서라』는 인류 역사 속 위대한 사상가와 혁신가들의 지혜를 통해 현대인들이 창의성과 문제 해결 능력을 향상시킬 수 있는 방법을 소개하는 책입니다. 이 책에서 소개하고 있는 것처럼, 문제를 해결할 수 있는 가장 확실하고도 빠른 방법은 선배들이 먼저 발견한 지혜와 지식을 기반으로 일하는 것입니다.

지식은 '어떤 대상에 대하여 배우거나 실천을 통하여 알게 된 명확한 인식이나 이해'라는 사전적 정의를 가지고 있습니다. 가인지경영에서는 지식경영을 '운이나 속임수가 아닌 지식으로 성과내는 것'이라고 정의하고 있습니다. '어쩌다' 혹은 '거짓으로'가 아닌 '반복 가능하고', '정직한' 성과를 내기 위해서는 '지식', 즉 성과가 나는 원리 혹은 비결을 발견해야 합니다.

포스코의 지식경영 사례

포스코는 오랜 기간 자사의 지식 공유 플랫폼인 포스튜브(POSTube)를 통해 체계적인 지식경영을 실현해오고 있습니다. 포스튜브는 사내 임직원들이 각자의 경험과 지식을 영상으로 제작해 공유하는 플랫폼으로써, 이를 통해 포스코는 회사 내의 기술적 노하우와 경험을 체계적으로 축적하고 확산시키고 있습니다. 특히 현장 직원들이 문제를 해결하거나 효율성을 높인 사례들을 영상으로 기록해 다른 직원들과 공유함으로써, 신입 직원들도 이를 쉽게 학습할 수 있는 환경을 제공하고 있습니다. 이러한 지식경영 방식은 포스코의 지속적 혁신을 가능하게 했으며, 지식이 퇴사나 인사 이동으로 소실되지 않도록 하는 중요한 역할을 하고 있습니다.

삼성 SDS의 지식경영 사례

삼성 SDS는 아라넷(ARANet)이라는 내부 지식 공유 플랫폼을 통해 지식경영을 강화해 왔습니다. 아라넷은 임직원들이 다양한 업무 경험과 기술적 노하우를 공유할 수 있도록 만든 플랫폼으로, 직원들이 서로의 지식을 손쉽게 검색하고 활용할 수 있게 합니다. 특히, 다양한 프로젝트의 성공 사례나 해결 방안을 기록하고, 이를 통해 문제 해결 능력을 높이는 것이 핵심 목표입니다. 이를 통해 삼성 SDS는 지식의 축적과 확산을 촉진하여 업무 효율성과 혁신성을 높이고 있으며, 회사

내에서 발생하는 지식의 손실을 방지하고 신입 직원들이 빠르게 업무에 적응할 수 있는 기반을 마련하고 있습니다. 아라넷은 디지털 전환과 함께 조직 내 지속적 학습 문화를 정착시키는 중요한 도구로 활용되고 있습니다.

조직역동성 지표 - 도구적 지원

지원적 리더십의 한 요소인 도구적 지원에 대해 조사한 결과, 기업 규모에 따른 차이는 뚜렷하지 않았습니다. 그러나 지원적 리더십을 잘 발휘하는 기업들은 '리더는 내가 효과적으로 일할 수 있도록 자료를 제공한다'는 문항에서 높은 점수를 받은 것으로 나타났습니다. 이는 지원적 리더십이 단순히 정서적 지원에 그치는 것이 아니라, 직원들이 업무를 원활하게 수행할 수 있도록 필요한 자료와 정보를 제공하는 것이 매우 중요하다는 점을 시사합니다.

한편, 조직역동성 진단 결과에서도 지원적 리더십에 대해 긍정적으로 평가받은 조직은 자료 제공 측면에서 높은 점수를 기록했습니다. 자료 제공은 리더의 지원적 역할을 강화하는 핵심 측면으로, 조직의 역동성을 증진시키는 데 중요한 역할을 할 수 있습니다.

10년 된 회사, 10년의 지식이 있습니까?

웹 1.0 시대는 지식을 검색을 통해 얻는 시기로, 야후나 구글을 통해 생산성을 높일 수 있었습니다. 하지만 웹 2.0 시대에 접어들면서 우리는 저장된 정보를 찾는 대신 네이버 지식인, 카페, 채팅창 등을 통해 사람들과 실시간으로 연결되어 물어보는 방식을 택하기 시작했습니다. 이제는 웹 3.0 시대, 즉 생성의 시대에 접어들었습니다. AI와 딥러닝을 기반으로 한 기존 데이터의 바탕 위에 새로운 정보와 콘텐츠를 생성할 수 있는 시대입니다. 이는 단순한 적응적 혁신을 넘어서는 변혁적 혁신을 의미하며 ChatGPT, Bing, Google Bard와 같은 AI 시스템들이 그 예시입니다. 이러한 생성 AI는 이제 지식 서비스업의 핵심으로 자리 잡고 있습니다. 우리는 더 이상 단순히 검색하고 연결되는 것이 아닌 AI가 새로운 무언가를 만들어내는 것을 목도하는 시대를 살아가고 있습니다. 오늘날의 상황에서는 아래에 제시된 3가지 스텝을 통해 조직 내의 지식과 노하우를 누적하여 축적해갈 수 있습니다.

1. 지식공유

지식경영의 첫 단계는 지식의 발굴과 공유입니다. 이 과정은 지식 토크와 지식 카드를 활용하여 각 부서 간 또는 구성원 간에 지식을 공유하는 것을 목표로 합니다. 이를 통해 조직 내에 축적된 경험과 노하우를 나누고, 이를 바탕으로 지식경영 1.0이 시작됩니다.

2. 지식뱅크 구축

두 번째 단계는 지식경영 2.0으로 넘어가며, 지식뱅크를 구축하여 조직 내에서 오랜 시간 쌓여온 지식을 체계적으로 저장하고 활용하는 것입니다. 이를 통해 퇴사한 직원의 지식이 사라지지 않고, 새로 입사한 직원들도 지식을 쉽게 습득할 수 있는 환경이 조성됩니다.

3. 지식 리스트 관리

마지막 단계인 지식경영 3.0에서는 각 부서별로 필요한 지식 리스트를 작성하고, 우선순위에 따라 확보된 지식을 관리하는 방식으로 운영됩니다. 이를 통해 단순한 학습을 넘어 지식 리스트를 혁신 도구로 활용함으로써 회사의 성장을 도모할 수 있습니다.

── Ch4 ──

맞춤 트레이닝이 필요한 이유?

　IT 유통기업인 D 기업은 약 200명의 직원으로 구성된 중견 기업으로, 그중 80% 이상이 영업사원으로 이루어져 있습니다. 회사는 30년 이상의 역사를 가지고 있으며, 20년 이상의 경력을 가진 베테랑 영업사원부터 1~2년차 신입 영업사원까지 다양한 인력 구성을 가지고 있었습니다. 그러나 문제는 베테랑 영업사원들이 자신들의 고객사 관리에만 집중하고, 신입 영업사원들에게 충분한 지원을 하지 못하는 것이었습니다. 신입사원들은 새로운 아이디어를 가지고 있어도 선배들의 지원이 부족해 이를 실천에 옮기기 어려웠습니다.
　2021년, 코로나 팬데믹으로 인해 대면 영업이 어려워지면서 D 기업의 매출은 절반 가까이 감소했습니다. 이러한 위기 속에서 D 기업은 원온원 시스템을 도입하기로 결정했습니다. 이 시스템을 통해 신입 영업사원들은 매출 목표 달성을 위한 구체적인 영업 노하우와 비대면 영업 아이디어를 선배들로부터 배울 수 있었습니다. 원온원 미팅을 통해 상호 피드백을 나누고 목표에 집중한 결과, 기존에 시도하지 않았던 새로운 영업 방식을 도입하게 되었으며 이는 매출 증대에 긍정적인 영향을 미쳤습니다. 원온원을 통해 신입사원들의 아이디어가 존중받고, 베테랑들의 경험이 효과적으로 공유되면서 기업 전체의 성과가 개선된 것입니다.

맞춤 트레이닝이 필요한 이유?

운동을 그다지 좋아하지 않던 저도 직장 생활을 하면서 체력의 중요성을 절실히 깨달았습니다. 체계적으로 운동을 배워보아야겠다는 결심에 필라테스를 시작했습니다. 처음에는 1:8 그룹 수업을 들었는데, 트레이너의 지시에 맞춰 동작을 따라 하면서도 정확히 어디에 힘을 주어야 하는지 좀처럼 감이 잡히지 않았습니다. 시간이 흘러도 몸에 큰 변화가 없었고, 결국 그룹이 아닌 1:1 필라테스 수업을 신청했습니다.

1:1 수업 첫날, 트레이너는 저에게 "어디가 불편하세요?"라고 물었습니다. 그 짧은 질문에 저는 깊은 신뢰감을 느꼈고, 제 목과 허리의 불편함을 솔직하게 이야기했습니다. 그 후, 트레이너는 제 상태에 맞춘 맞춤형 운동을 가르쳐 주었고, 단 세 번의 수업 만에 몸의 변화를 체감할 수 있었습니다. 이 경험을 통해 깨달은 것은, 그룹에서 나눌 수

없는 개별적인 대화와 맞춤형 솔루션이 1:1 대화의 핵심이라는 점입니다. 직장 내에서의 원온원 또한 구성원 한 명 한 명에게 맞춤형 관심과 피드백을 제공함으로써, 그들이 직면한 문제를 진정으로 해결해 줄 수 있는 시간이라는 것을 기억해야 합니다.

왜 선도기업들이 원온원에 집중하는가

최근 기업에서 원온원 미팅이 각광받는 이유는, 무엇보다 개인화된 소통과 피드백의 필요성이 커졌기 때문입니다. 현대 조직의 구성원들은 세대, 성격, 업무 방식적 차원에서 무척 다양합니다. 이러한 환경에서는 리더가 일방적으로 팀 전체를 대상으로 지시하거나 피드백을 주는 방식으로 구성원 개개인의 필요를 충족시키기 어렵습니다. 원온원 미팅은 직원들이 직접적인 피드백을 받을 수 있는 기회를 제공하고, 그들의 의견과 고민을 심도 있게 나누는 중요한 소통 창구로 작용합니다. 이를 통해 직원들은 자신이 조직에서 존중받고 있음을 느끼고, 이는 곧장 몰입도와 업무 성과 향상으로 이어집니다.

또한, 인재 유지의 관점에서 원온원의 중요성이 부각되고 있습니다. 맥킨지 컨설팅 그룹이 발간한 매거진에 따르면, '재정적 인센티브는 이직을 막는 데 가장 효과적이지 않으며, 보다 저렴하면서도 성공적인 대안이 존재한다'고 주장합니다. 특별히 구성원에 대한 지속적인 관심을 통한 인재 발굴, 개별 맞춤 혜택 제공, 기회 제공이 이직률 감소에 더 큰 영향을 미친다고 합니다. 특히 MZ세대는 수평적이고 상호적인 소통을 중요하게 여기기 때문에, 일방적 지시보다는 맞춤형 피드백을 제공하는 원온원이 필수적입니다. 이러한 미팅을 통해 리더는 구성원의 성과뿐 아니라 개인의 성장 목표를 함께 논의할 수 있어, 조직 내에서 장기적으로 지속 가능한 성과 문화를 만들 수 있습니다.[33]

원온원이 성과에 미치는 영향

원온원 미팅은 다음과 같은 측면에서 성과에 긍정적인 영향을 미치는 도구입니다. 첫째, 즉각적인 피드백을 제공함으로써 직원들이 자신의 업무 방향과 목표를 명확하게 이해하고, 개선이 필요한 부분을 빠르게 파악할 수 있게 합니다. 이는 직원들이 실시간으로 성과를 조정하고 업무 효율성을 높이는 데 큰 도움이 됩니다. 미국의 정보 기술 연구 및 자문회사인 가트너(Gatner)의 연구에 따르면, 정기적인 피드백을 받는 직원들은 그렇지 않은 직원들에 비해 12% 더 높은 성과를 기록하며, 몰입도도 크게 증가하는 경향을 보였습니다.[34] 원온원 미팅은 리더와 직원 간의 소통을 원활하게 하고 문제 해결의 속도를 높여 성과 향상에 직접적인 기여를 합니다.

둘째, 원온원은 직원의 동기부여와 자기 성장을 촉진합니다. 직원들은 자신의 역할과 기여가 조직에 어떻게 반영되는지를 리더와 직접적으로 논의할 수 있으며, 이는 그들의 목표 달성과 성취감을 더욱 높이는 요소가 됩니다. 특히, 개인화된 피드백을 통해 직원은 자신이 회사에서 중요한 존재임을 느끼고, 더욱 적극적으로 업무에 임하게 됩니다. 이처럼 구성원 개인의 자율성과 책임감이 높아질 때, 조직 전체의 성과가 향상되는 것은 물론, 장기적으로도 더 안정적인 성과 문화를 형성할 수 있게 됩니다.

지원적 리더십이 업무 효능감을 높인다?!

'지원적 리더십'이란 리더가 팀원들에게 필요한 자원과 지식을 제공하고, 그들이 자유롭게 의견을 제시할 수 있는 환경을 조성하는 것을 의미합니다. 지원적 리더십과 업무 효능감의 상관관계를 분석한 결과, 지원적 리더십 지표가 높은 기업일수록 업무 효능감 또한 높다는 것이 확인되었습니다. 구체적으로, 지원적 리더십 점수가 높은 기업은 구성원들이 자신감을 갖고 업무에 임하며, 과제를 효과적으로 수행할 수 있다고 느끼는 비율이 상대적으로 더 높았습니다. 지원적 리더십이 잘 이루어지는 기업에서는 팀원들이 리더로부터 직접적인 지원을 받기 때문에 자신의 업무에 대해 더 큰 확신을 갖게 됩니다.

반면, 지원적 리더십 지표가 낮은 기업에서는 업무 효능감 점수 또한 상대적으로 낮은 것으로 나타났습니다. 지원을 충분히 받지 못하는 환경에서는 팀원들이 업무 중 발생하는 문제를 해결하는 데 어려움을 겪고, 업무 목표 달성에 대한 자신감을 갖기 어렵습니다. 이러한 상관관계는 지원적 리더십이 조직 내에서 개인의 성과와 동기부여에 중요한 역할을 한다는 점을 시사하며, 리더의 적극적인 지원과 피드백이 팀원의 업무 효능감을 크게 증대시킬 수 있음을 보여줍니다.

지원적 리더십과 업무 효능감의 상관관계

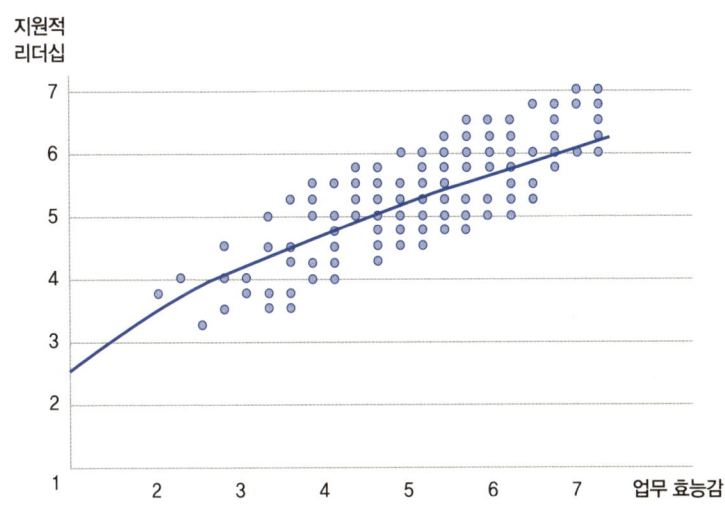

골든 미팅: 구성원의 골든 타임을 잡아라!

기업에서 직원 성장을 촉진하기 위한 '골든 타임'을 놓치지 않기 위해 골든 미팅이라는 도구가 도입되었습니다. 골든 미팅은 리더와 팀원이 1:1로 만나, 지난 기간 동안의 성과와 경험을 돌아보고, 앞으로의 목표를 논의하며 필요한 지원 사항을 나누는 중요한 피드백 도구입니다. 이 미팅을 통해 직원은 자신의 업무 의미와 성장 가능성을 다시 한번 확인하고, 도전의 의지를 다지게 됩니다. 그룹 단위의 회의와는 달리, 골든 미팅은 개별적인 맞춤 피드백이 가능하여 직원 개개인의 성장을 구체적으로 지원할 수 있는 시간이 됩니다.

골든 미팅을 효과적으로 활용하기 위해서는 세 가지 그라운드룰을 지켜야 합니다. 첫째, 팀원에게 미리 골든 미팅 카드를 작성하게 하여 성과와 필요한 지원을 명확히 정리할 수 있도록 합니다. 둘째, 리더는 사전에 미팅을 준비하여 성과를 리뷰하고, 피드백과 인정을 통해 팀원의 노력을 인정해 줍니다. 마지막으로, 반드시 1:1로 미팅을 진행하여 개별적인 소통을 보장해야 합니다. 이처럼 골든 미팅은 단순한 성과 평가가 아닌, 직원의 성장을 구체적으로 지원하고 격려하는 중요한 도구로 기능하고 있습니다. [부록3. 골든미팅 카드 참고]

―― Ch5 ――

도움이 필요할 때 찾아갈 수 있는 사람이 있는가

회사 복지라고 하면 흔히 카페테리아, 헬스장, 자유로운 연차사용, 연말 보너스 등 물질적인 혜택을 떠올립니다. 하지만 정작 이러한 복지를 제공하는 LG나 토스 같은 기업들은 '최복동'을 최고의 복지로 꼽습니다.[38] '최고의 복지는 동료다'의 줄임말인 최복동은 단순히 물질적인 복지나 편의시설이 아닌 직장에서 만나는 사람들과의 관계가 얼마나 중요한지를 강조합니다.[39] 힘들 때 기댈 수 있고, 좋은 성과를 냈을 때는 누구보다 진심으로 축하해주는 그런 동료가 없다면 아무리 복지 제도가 좋다고 하더라도, 그 회사는 마치 아무도 없는 넓은 사무실처럼 공허하게 느껴지기 마련입니다. 그럴 때 직원들은 '여기서 내가 뭘 하고 있지?'라는 생각을 하게 됩니다. 이처럼 일터에서 신뢰할 수 있는 동료가 있다는 것은 직원들이 스트레스를 극복하고 회사에 대한 애정을 느끼는 데 큰 영향을 미칩니다.

'최복동'은 이 점을 친근하게 표현한 단어입니다. 단순히 함께 일하는 관계의 동료를 넘어선, 자신의 이야기를 들어주고 함께 걸어가는 '진짜 동료'를 말하는 것이죠.

조직 내에 고민을 털어놓을 수 있는 리더나 동료가 있습니까?

직원들이 직장을 선택하고 유지하는 데 있어 가장 중요하게 생각하는 요소 중 하나는 조직 내에 자신의 고민을 털어놓을 수 있는 리더나 동료가 있는가 하는 것입니다. '찾아갈 수 있는 사람'이 있다는 것은 단순히 업무적 지시를 받는 대상이 있는 것이 아니라, 자신의 어려움이나 고민을 편안하게 나눌 수 있는 신뢰 관계가 존재한다는 것을 의미합니다. 이러한 신뢰 관계는 경영자가 지원적 리더십을 발휘할 때 자연스럽게 형성되며, 이는 직원의 정서적 안정감과 몰입도에 긍정적인 영향을 미칩니다. 실제로 갤럽(Gallup) 연구에 따르면, 직원들이 '직장에서 자신을 지지해 줄 사람'이 있다고 응답한 경우, 이직률이 평균 25% 감소했습니다. 이러한 관계는 직원들이 자신의 회사에 대해 긍정적인 감정을 갖게 하고, 장기적인 근속을 유도하는 데 중요한 역할을 합니다.[35]

지원적 리더십이 조직 내에서 효과적으로 발휘되면, 구성원들은 업무적인 어려움을 느낄 때 스스로 문제를 해결하려 하기보다는 경영자나 동료에게 도움을 요청할 가능성이 높아집니다. 이는 구성원들이 어려움에 직면했을 때 느끼는 심리적 스트레스와 좌절감을 감소시키며, 이러한 과정이 반복될수록 구성원들은 조직에 대한 소속감과 심리적 안전감을 갖게 됩니다. 반면, 조직 내에서 '찾아갈 수 있는 사람'이 없다고 느끼는 구성원들은 작은 문제에도 쉽게 지치고 좌절하며, 이러한 감정이 쌓이면 결국 퇴사를 고려하게 됩니다. 한 국내 대기업의 조사에 따르면, 직원들이 조직 내에서 지원적 리더나 멘토를 갖고 있을 때 이직 의향이 30% 이상 감소한 것으로 나타났습니다. 이러한 결과는 조직 내에서 직원들이 신뢰하고 찾아갈 수 있는 리더가 존재할 때, 직원들이 더 오랫동안 조직에 머물고, 성과를 높이는 데 크게 기여한다는 것을 시사합니다.

지원적 리더십을 통한 관계 형성은 단순히 피드백을 주고받는 것을 넘어, 직원 개개인의 성장을 촉진하고, 그들이 잠재력을 발휘할 수 있는 환경을 조성하는 데 중요한 역할을 합니다.

조직에 남아 있는 이유도 리더, 조직을 떠나는 이유도 리더다?!

구성원이 조직에 남고 떠나는 이유의 중심에는 리더가 있습니다. 연구에 따르면, 직원들이 조직에 머물기로 결심하는 가장 큰 이유는 '직장에서 자신을 지지해 줄 리더가 존재하기 때문'이며, 반대로 조직을 떠나는 주요 이유도 '리더와의 관계가 만족스럽지 않기 때문'인 것으로 나타났습니다. 한국경제의 한 연구에서는 MZ세대 구성원들이 직장 선택 시 가장 중요하게 여기는 요소 중 하나가 '리더와의 원활한 소통'과 '신뢰할 수 있는 관계'임을 강조하고 있습니다. 이들이 조직에 헌신하고 몰입하는 수준은 '리더와의 관계에서 느끼는 안정성'에 큰 영향을 받습니다.[36]

또한, Great Place to Work®의 연구에 따르면, 리더와 명확한 방향과 목표를 공유하고 그들에게 적극적으로 피드백을 받는 직원들은 조직 내에서 높은 몰입도와 만족도를 보이며, 이직 의향 또한 낮습니다. 예를 들어, 한 기업에서는 직원의 92%가 조직 내 리더와의 관계에서 큰 만족을 느끼고 있으며, 이는 비슷한 산업군의 평균 만족도인 55%에 비해 매우 높은 수치로, 리더의 역할이 얼마나 중요한지 보여줍니다.[37]

결국, 조직의 성공적인 인재 유지 전략은 리더의 역할과 깊이 연관되어 있습니다. 직원 개개인이 자신의 가치를 인정받고, 어려움을 공유하며, 성장에 대한 지원을 받는다는 느낌을 줄 수 있는 리더가 조직 내에 있다면, 그 조직은 자연스럽게 높은 인재 리텐션률을 유지할 수 있습니다. 반대로 리더가 지시적이고 권위적인 태도로 일관한다면, 아무리 매력적인 복지와 높은 연봉을 제공하더라도, 직원들은 장기적으로 그 조직에 머물 이유를 찾지 못할 것입니다.

나는 구성원에게 어떤 리더로 남아 있는가?

갤럽 Q12는 구성원들의 몰입도와 리더의 지원적 리더십을 평가하는 대표적인 진단 도구로, 12개의 핵심 질문을 통해 조직 내 리더십의 질을 평가합니다. 이 질문들은 직원들이 일하면서 경험하는 다양한 측면을 다루고 있으며, 특히 리더와의 상호작용이 직원들에게 미치는 영향을 중점적으로 파악합니다. 아래는 갤럽 Q12의 12가지 질문 항목입니다:

1. 나에게 업무 기대치를 명확하게 전달받았는가?
2. 내가 업무를 잘 수행할 수 있도록 필요한 자원을 제공받고 있는가?
3. 내가 매일 최고로 일할 수 있는 기회를 얻고 있는가?
4. 지난 7일 동안, 내 업무에 대해 긍정적인 피드백을 받았는가?
5. 상사가 내 발전에 진정으로 관심을 가지고 있다고 느끼는가?
6. 직장에서 누군가가 나의 성장을 격려해주고 있는가?
7. 지난 6개월 동안, 나의 직무와 관련된 성장을 위한 대화를 나누었는가?
8. 직장에서 나의 의견이 존중받는다고 느끼는가?
9. 조직의 사명이나 목적이 내 업무의 중요성을 부각시켜 주는가?
10. 내 동료들이 높은 수준의 성과를 낼 수 있도록 나를 지원하고 있는가?
11. 직장 내에서 누군가와 개인적인 친밀한 관계를 맺고 있는가?
12. 지난 1년 동안, 나의 업무 성과와 관련해 어떤 성과나 기여를 인정받았는가?

갤럽 Q12의 질문 항목들은 직원들이 리더에게서 얼마나 지속적인 관심과 지원을 받고 있는지를 확인할 수 있는 요소들로 구성되어 있습니다. 특히 5, 6, 7번 항목은 리더의 지원적 리더십을 직접적으로 평가할 수 있는 질문입니다.

예를 들어, 5번 항목인 '내 상사가 내 발전에 진정으로 관심을 가지고 있다고 느끼는가?'는 리더가 직원 개인의 성장을 얼마나 중요하게 생각하고 지원하고 있는지를 진단할 수 있는 지표입니다. 이 질문에 대한 긍정적인 응답이 높을수록, 리더가 직원과의 개별적 관계 형성에 성공하고, 지원적 리더십을 효과적으로 발휘하고 있다는 것을 의미합니다.

6번 항목인 '직장에서 누군가가 나의 성장을 격려해주고 있는가?'는 직원들이 자신의 직무와 관련된 피드백이나 성장을 위한 조언을 받고 있는지를 측정합니다. 이는 리더가 구성원들과 주기적으로 소통하고, 그들이 직무에서 성장할 수 있도록 지속적인 피드백과 지원을 제공하는지 확인할 수 있습니다. 마지막으로, 7번 항목인 '지난 6개월 동안, 나의 직무와 관련된 성장을 위한 대화를 나누었는가?'는 리더가 단순한 성과 평가를 넘어, 직원과 함께 성장 목표와 경력 개발에 대해 논의하고 있는지를 보여줍니다. 이 질문을 통해 리더가 구성원 개개인의 발전에 얼마나 신경을 쓰고 있는지, 그리고 이를 통해 직원의 직무 몰입도를 높이고 있는지를 평가할 수 있습니다.

갤럽 Q12는 리더가 직원들의 성장을 위해 얼마나 적극적으로 소통하고 지원하고 있는지, 직원들이 느끼는 지원의 정도가 이직 의향과 조직 몰입에 어떤 영향을 미치는지를 파악할 수 있는 강력한 진단 도구입니다. 이를 통해 조직은 리더십의 개선이 필요한 부분을 파악하고, 리더들이 보다 지원적인 자세를 취하는 것을 돕는 교육 및 개발 계획을 수립할 수 있습니다.

지원적 리더십이 심리적 안전감과 업무 몰입도에 어떻게 영향을 미치는가

지원적 리더십은 단순히 구성원의 성과를 높이는 도구가 아니라, 심리적 안전감과 업무 몰입도에 큰 영향을 미치는 중요한 요소입니다. 리더가 팀원들에게 지속적인 관심과 피드백을 제공할 때, 팀원들은 자신이 존중 및 보호받고 있다는 심리적 안전감을 느끼게 됩니다. 자유롭게 의견을 개진하고 창의적인 시도를 할 수 있는 조직 문화의 기반이 마련되는 것이죠. 팀원들은 자신이 지지 받고 있다는 확신 속에서 업무에 더 깊이 몰입하게 됩니다. 또한 자신의 업무가 조직 내에서 의미 있는 기여를 하고 있다고 믿으며, 더욱 적극적이고 자발적으로 성과를 창출하려는 태도를 가지게 됩니다. 결국, 지원적 리더십은 구성원 개개인의 심리적 안정과 업무 몰입을 강화하여 조직 전체의 성과를 끌어올리는 기반이 되는 것입니다.

CODE #4.

도전할 여지를 만드는,
심리적 안전감

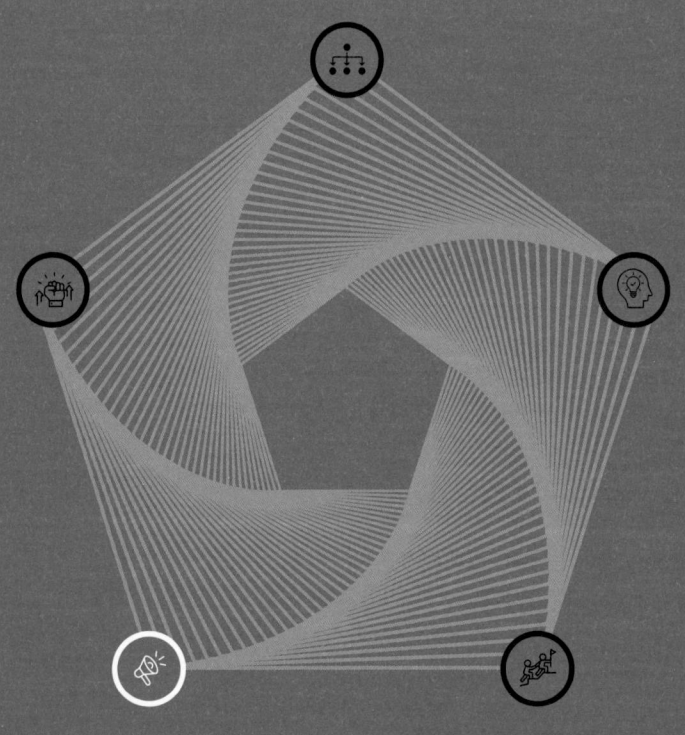

Psychological Safety

Ch1. 실패의 비용을 낮춰야 도전할 마음이 생긴다

Ch2. 우리 팀은 도전할 목표가 있습니까?

Ch3. 정보가 곧 기회, 도전의 시작점

Ch4. 도전적 목표, 무게를 감당할 수 있는 아이디어가 있는가

Ch5. 재도전의 성공율을 높이는 유일한 방법

― Ch1 ―

실패의 비용을 낮춰야 도전할 마음이 생긴다

가만히 있으면 망합니다

'가만히 있으면 중간은 간다'는 말이 있습니다. 이는 섣불리 행동하기보다 기존 상태를 유지하며 상황을 신중하게 살피는 것이 낫다는 의미를 담고 있습니다. 하지만 고객의 요구가 빠르게 변화하고, 경쟁 기업들이 끊임없이 전략을 수정하는 현대 비즈니스 환경에서는 결코 유효하지 않습니다. '가만히 있는 것'은 더 이상 중간을 유지하는 전략이 될 수 없습니다.

코닥의 사례는 도전하지 않는 기업이 어떻게 도태되는지를 잘 보여줍니다. 한때 사진 필름 시장을 장악했던 코닥은 디지털 사진 기술이 떠오를 때에도 필름 산업에 안주하며 변화를 꺼렸습니다. 흥미로운 점은 코닥이 1975년에 이미 세계 최초로 디지털 카메라를 발명했음에도 불구하고, 필름 판매에 미칠 부정적인 영향을 우려해 이 기술을 상용화하지 않았다는 사실입니다. 시간이 지나 디지털 카메라 시장이 급격히 확대되었을 때도, 코닥은 필름에 대한 의존도를 줄이지 않았고, 결국 경쟁이 치열해진 디지털 카메라 시장에서 후발주자들에게 밀리게 되었습니다. 그 결과, 코닥은 2012년에 파산을 선언하며 역사의 뒤안길로 사라졌습니다.

블록버스터 또한 1980~1990년대 비디오 대여 산업을 주도하며, 한때는 세계 최대의 비디오 대여 체인점을 보유한 글로벌 기업으로 이름을 날렸습니다. 그러나 1990년대 후반, 사람들은 언제 어디서나 영화를 볼 수 있고 연체료를 물어야 하는 등의 불편함이 없는 스트리밍 서비스를 점차 선호하기 시작했습니다. 그럼에도 불구하고, 블록버스터는 여전히 고객에게 매장 방문을 요구하고 대여 기간과 연체료를 엄격히 관리하면서 스트리밍 서비스로의 전환을 거부했습니다. 심지어 2000년대 초반, 블록버스터는 당시 스트리밍 기술을 선도하던 넷플릭스를 인수할 기회가 있었지만, 그 제안을 거절했습니다. 고객의 변화된 선호와 편의성을 고려하지 않고 기존 비즈니스 모델을 고수한 결과, 블록버스터는 점차 소비자들로부터 외면받게 되었고, 결국 2010년대 초반 파산에 이르렀습니다.

안전한 선택의 유혹: 직원들이 도전하지 않는 이유

그렇다면 기업의 경영자와 실무자들은 왜 새로운 도전에 적극적으로 반응하지 않을까요? 1979년 심리학자 다니엘 카너먼과 아모스 트버스키는 사람들이 이득을 얻기 위해 어느 정도로 위험을 감수하는지를 알아보는 실험을 진행했습니다. 이 실험에서는 사람들에게 두 가지 선택지를 주고 다음과 같이 설명했습니다:

빨간 버튼을 누르면 100% 확률로 100만 원을 얻습니다.

파란 버튼을 누르면 50% 확률로 200만 원을 얻지만, 50% 확률로 아무것도 얻지 못할 수 있습니다.

사람들은 어느 버튼을 더 많이 눌렀을까요? 약 80%에 가까운 사람들이 빨간 버튼을 선택했습니다. 즉, 대부분의 사람들이 '확실한 100만 원'을 선택한 것입니다. 이 결과는 사람들이 본능적으로 위험을 감수하기보다는 확실한 이득을 선호한다는 것을 보여줍니다.

이러한 모습은 기업에서도 동일하게 나타납니다. 지금까지 해오던 방식대로 일하면 큰 성과는 내지 못할 것입니다. 하지만 동료나 상사에게 적당한 인정을 받을 것이고, 평균적인 근무연수가 지난 후에는 승진도 가능할 것입니다. 이는 100만 원 정도의 안정적인 보상을 얻는 상황과 같습니다. 그러나 더 큰 성과를 위한 도전을 하게 되면, 성공했을 때는 큰 인정과 승진, 인센티브가 따르겠지만, 실패할 경우에는 비난, 연봉 동결, 인센티브 제외와 같은 불이익을 받을 수 있습니다. 이러한 이유로 사람들은 본능적으로 도전을 꺼립니다.

특히 심리적 안전감이 낮은 조직에서는 이러한 성향이 더욱 강화될 수 있습니다. 직원들은 조직 내에서 타인의 실패를 학습하면서, 더욱 손실을 피하려 합니다. 예를 들어, 회의에서 상사가 새로운 아이디어를 제시했다가 임원에게 비난을 받거나, 신사업을 추진한 팀장이 충분한 성과를 내지 못했을 때 '충분히 알아보지 않았다', '회사의 자원과 시간이 낭비됐다', '손실이 발생했다' 등의 이유로 상사에게 혼나는 장면을 목격했다고 해봅시다. 이러한 환경에서는 창의적이고 도전적인 직원일지라도, 시간이 지날수록 점점 안전한 선택만을 하게 됩니다. 결국, 위험을 감수하기보다는 스스로를 보호하는 전략을 선택하게 되는 것입니다.

실패에 대한 관점을 바꾸자 성과가 나기 시작했다

"진짜 답답하네요. 이걸 이렇게밖에 못해요?" D 기업에서 자동화 솔루션을 개발하는 팀은 프로젝트 결과를 발표할 때마다 박 팀장의 날카로운 피드백을 넘어 비난을 받곤 했습니다. 이를 지켜보던 D 기업 경영자는 박 팀장을 찾아가 이렇게 말했습니다. "당신의 피드백이 우리 조직의 발전에 필요하다는 건 알지만, 많은 직원이 힘들어하고 있습니다. 당신에게도 일을 잘하지 못했던 시절이 있었고, 또한 당신이라고 해서 항상 성공적인 전략만을 내놓는 것은 아니지 않습니까? 만약 당신이 직원들의 실패를 포용하지 못한다면, 함께 일하기가 점점 어려워질 것입니다."

이후 D 기업 경영자는 전 직원을 대상으로 '21일 셀프 피드백 챌린지'를 도입했습니다. 매일 업무를 시작하기 전 목표를 설정하고, 하루를 마무리할 때 그 결과를 스스로 점검하는 방식이었습니다. 놀랍게도, 박 팀장은 이 챌린지를 통해 완전히 달라졌습니다. 목표를 달성하기 위해서는 다양한 시도가 필요하고, 그 과정에서 실패는 불가피하다는 사실을 깨달은 것입니다. 그는 직원들의 실패를 비난하는 것이 성과를 만들어내는 방법이 아님을 알게 되었고, 작은 실패에서 빠르게 배움을 얻는 것이 큰 실패를 예방하는 가장 효과적인 방법이라는 사실도 깨달았습니다.

그 후, 박 팀장은 직원들이 프로젝트 결과를 발표할 때 더 이상 실패를 질책하지 않았습니다. 대신, 직원들이 새로운 시도를 한 것에 대해 격려하고, 그 실패에서 무엇을 배웠는지 물어보았습니다. 그 결과, 점차 직원들이 다양한 시도를 마음껏 해볼 수 있는 환경이 조성되었습니다. 산업전에 참여하며 큰 프로젝트도 진행할 수 있었고, 그곳에서 만난 새로운 고객 덕분에 신규 매출 채널까지 발굴할 수 있었습니다.

조직역동성 개념을 바탕으로 심리적 안전감에 대한 결과를 분석했을 때, 관용이 높은 조직일수록 혁신 행동에서 도전성이 더 높다는 것을 확인할 수 있습니다. 실수와 실패를 용인하고 이를 성장의 기회로 삼는 문화를 가진 조직에서는, 직원들이 더 높은 목표를 세우고 창의적인 문제 해결 방안을 제시하며 지속적인 노력을 기울이는 경향이 있습니다. 이는 실패를 두려워하지 않는 환경에서 직원들이 자율성과 도전 정신을 발휘하여 조직의 혁신과 성장을 이끌어낸다는 의미입니다.

실패를 축하하는 시간, 페일 파티(Fail Party)

실패에 대한 두려움을 줄일 뿐만 아니라, 실패를 축하하는 문화를 만들기 위한 노력도 해볼 수 있습니다. 바로 '페일 파티(Fail Party)'를 진행하는 것입니다. 페일 파티는 직원들이 한 달 동안 어떤 도전과 실패를 했는지를 발표하고 시상하는 행사입니다.

페일 파티의 첫 번째 순서는 '아이스브레이킹'입니다. 이는 구성원들의 긴장을 풀고 분위기를 부드럽게 만드는 역할을 합니다. 간단한 질문이나 게임을 통해 참가자들이 자연스럽게 참여할 수 있도록 합니다. 페일 파티에 참석한 직원들은 업무로 인해 파티에 집중하기 어려운 상태일 수 있고, 뒤이어 있을 발표로 인해 긴장하고 있을 수도 있습니다. 아이스브레이킹은 이러한 분위기를 풀어주고 참여도를 높이는 역할을 합니다.

두 번째 순서인 '도전과 실패를 말해봐'는 직원들이 자신이 도전했던 일을 발표하는 시간입니다. 이때는 결과 자체보다는 그 과정에서 얻은 지식을 공유합니다. 성공적인 결과를 낸 사람은 어떻게 성과를 낼 수 있는지를 알려주고, 실패한 사람은 잘못된 전략을 피할 수 있게 도와줍니다. 이를 통해 직원들은 새로운 전략을 시도해 볼 수 있게 되며, 기존 방식만을 고수하던 직원들은 오히려 자랑할 거리가 없게 됩니다.

세 번째 순서인 '지식왕 시상'에서는 앞서 발표한 내용 중 가장 유용한 지식을 공유한 직원을 시상합니다. 좋은 지식은 두 가지 기준으로 선정됩니다. 첫 번째는 성과의 재생산 관점입니다. 누구나 그 지식을

페일 파티 시간표

프로그램	설명	소요시간
아이스브레이킹	긴장을 풀고 분위기를 부드럽게 만드는 질문을 선정하여 구성원들과 함께 나눕니다.	5분
도전과 실패를 말해봐	구성원들이 돌아가며 한 달 동안 자신이 도전한 것과 도전하며 얻은 지식을 발표합니다.	40분
지식왕 시상	발표한 지식 중 성과의 재생산과 확산 관점에서 가장 높은 점수를 받은 지식을 시상합니다.	5분
같은 곳을 바라봐	경영자의 스피치를 통해 다음 한 달간 기업의 방향성을 제시하고 구성원을 격려합니다.	10분

활용해 동일한 성과를 낼 수 있다면 재생산 정도가 높은 지식입니다. 두 번째는 성과의 확산 관점입니다. 다른 사람들도 그 지식을 활용해 성과를 낼 수 있다면 확산의 정도가 높은 것입니다. 구체적이고 단순한 지식일수록 사람들이 더 쉽게 활용할 수 있습니다.

마지막 순서인 '같은 곳을 바라봐'에서는 경영자가 도전과 실패를 경험한 직원들을 격려하고, 다음 한 달 동안 기업이 나아갈 방향성을 제시합니다. 이 시간은 조직에 도전하는 문화를 정착시키고, 직원들이 계속해서 도전할 수 있도록 가이드를 제시합니다.

페일 파티는 단순히 실패를 받아들이는 자리가 아니라, 실패를 통해 얻은 교훈을 공유하고 더 나은 성과로 이어질 수 있는 기회를 제공하는 중요한 문화입니다. 실패를 두려워하지 않는 조직만이 빠르게 변화하는 비즈니스 환경에서 앞서 나갈 수 있음을 기억하며, 도전을 장려하는 기업 문화를 만들어보십시오.

―― Ch2 ――

우리 팀은 도전할
목표가 있습니까?

공동 목표가 없는 팀, 과연 팀일까?

'팀'은 많은 기업에서 가장 작은 조직 단위로 일컬어집니다. 하지만 우리가 알고 있는 팀의 개념이 지금과 같은 의미로 사용되기 시작한 것은 불과 100년밖에 되지 않았습니다. '팀'이라는 단어는 14세기에 처음 등장했는데, 당시에는 주로 소나 말과 같은 가축을 묶어 함께 일하게 하는 것을 의미했습니다. 특히 농업 분야에서 많이 사용되었는데, 여러 마리의 소나 말이 한 대의 쟁기를 끌 때 이를 '팀'이라고 불렀습니다. 시간이 흘러 19세기 중반부터는 스포츠 분야에서 이 단어가 지금과 유사한 의미로 쓰이기 시작했습니다. 축구나 럭비와 같은 스포

츠에서 목표를 달성하기 위해 협력하는 선수들의 집단을 '팀'이라고 부르기 시작한 것입니다.

20세기 초 산업화가 진행되면서 비즈니스 분야에서도 팀 개념이 사용되기 시작했습니다. 생산 공정이 복잡해지면서, 개별 작업자들만으로는 문제를 해결하기 어려워졌고 협력과 역할 분담의 필요성이 대두되었기 때문입니다. 이에 따라, 팀은 조직 내 다양한 기능을 담당하는 핵심 단위로 자리 잡게 되었습니다. 각자의 기술과 지식을 바탕으로 공동의 목표를 달성하기 위한 협력 구조로서의 팀이 탄생한 것입니다. 간단히 말해, 팀은 공동 목표를 위해 협력하는 사람들의 집단을 의미합니다.

그러나 여전히 많은 수의 팀이 공동의 목표 없이 각자의 업무만 수행하고 있습니다. 회사 차원의 연간 목표가 있더라도, 그 목표가 팀 자체에서 관리할 수 있는 단기 목표로 나눠지 않고, 연말에 한 번 점검하는 형식적인 목표로 그치는 경우가 흔합니다. 설령 월 단위로 세분화된 목표가 있다고 하더라도, 팀이 해당 목표의 달성을 위해 '협력'을 도구로 사용하지는 않을 때가 많습니다. 이렇게 되면 명목상 팀일 뿐, 실질적으로는 목표를 공유하고 협력하지 않기 때문에 진정한 의미의 팀이라고 할 수 없습니다.

심리적 안전감이 높은 조직은 공동의 목표를 가집니다

2017년 맥킨지가 5,000명의 경영진을 대상으로 최고의 팀 경험에 대해 조사한 결과, 세 가지 공통된 핵심 요소가 발견되었습니다.40 바로, 방향성의 일치, 신뢰에 기반한 상호작용, 도전 정신이었습니다. 이 세 가지 요소는 훌륭한 팀워크의 필수 조건이라 할 수 있습니다. 그중에서도 특히 주목할 만한 점은 대다수의 응답자들이 '방향성의 일치'를 가장 중요한 요소로 꼽았다는 것입니다. 이는 회사가 추구하는 목표와 그 목표에 도달하기 위해 팀이 어떤 역할을 해야 하는지에 대한 공유된 믿음이 존재한다는 뜻입니다. 또한, 신뢰에 기반한 상호작용과 도전 정신이 핵심 요소로 선정된 것은 훌륭한 팀은 팀원들 간의 신뢰를 바탕으로 공유된 목표를 달성하기 위해 협력하고 적극적으로 실행에 옮긴다는 것을 의미합니다.

한편, 대한민국 기업을 대상으로 한 조직역동성 진단 결과에 따르면, 심리적 안전감이 높은 기업일수록 비전 정렬이 높은 것으로 나타났습니다. 이는 심리적 안전감이 높은 조직일수록 목표 중심적인 경향이 뚜렷하다는 뜻으로 해석할 수 있습니다. 심리적 안전감이 높은 조직은 목표달성을 위해 다소 엉뚱하거나 혹은 오해를 살 수 있는 의견이라도 두려움 없이 개진한다는 특징을 고려할 때, 이러한 경향성은 사실 당연한 현상입니다.

정체된 팀에서 성장하는 팀으로: 목표 설정의 힘

출판업을 하는 50명 규모의 조직에 검수팀이 있었습니다. 이 팀은 제품이 고객에게 전달되기 전, 인쇄를 요청하고 인쇄된 제품을 검수한 후 포장하는 일을 담당했습니다. 검수팀의 팀원들은 친밀했으며, 어려운 일이 생기면 서로 의지했습니다. 그러나 이 팀에는 명확한 목표가 없었습니다. 모두가 비슷한 일을 반복하며, 팀장은 그저 업무를 관리 감독할 뿐, 구체적인 성과 목표나 이를 달성하기 위한 협력은 없었습니다. 그 결과, 팀의 성과는 나쁘지 않았지만 탁월하지도 않았습니다. 팀원들의 역량도 1년 전과 비교해 크게 발전하지 않은 듯 보였습니다.

한계를 느낀 팀장은 명확한 팀 목표를 설정하기로 결심했습니다. 목표에 집중할 수 있도록 목표 기간을 3개월로 정했고, 최종 검수 과정에서 발견되는 하자를 줄이는 것을 목표로 삼았습니다. 목표가 설정되자, 팀원들은 하자를 줄이기 위한 다양한 전략을 적극적으로 논의하기 시작했습니다. 인쇄 과정에서 발생하는 하자율을 줄이기 위한 검수 방법을 공유하고, 인쇄 업체와 월 1회 미팅을 하면서 인쇄 품질을 개선하는 방안을 모색했습니다. 이 과정을 통해 그동안 인쇄 과정에 대해 잘 알지 못했던 팀원들이 인쇄에 대한 지식을 쌓기 시작했고, 스스로 공부하며 부족한 점을 개선해 나갔습니다.

3개월이 지난 후, 비록 목표했던 수준만큼의 성과를 달성하지는 못했지만, 검수팀은 크게 변화했습니다. 인간적으로 친밀했지만 각자 맡은 일을 하는 정도였던 예전의 수준에서 벗어나 공동의 목표를 위해 협력하고 지식을 공유하는 든든한 팀으로 성장했습니다. 또한, 팀원들의 개인 역량도 눈에 띄게 발전했습니다. 특히 검수 분야에서는 각자 적어도 한 가지 분야에서 전문가 수준의 지식을 갖추게 되었습니다.

팀 목표 설정 가이드 4단계

그렇다면 팀 목표는 어떻게 세우면 좋을까요? 목표는 팀장이 혼자 정하는 것보다 모든 팀원이 함께 설정하는 것이 훨씬 효과적입니다. 팀원들이 목표 설정 과정에 참여했을 때, 목표에 대한 주인의식이 생기고 동기가 부여되기 때문입니다. 따라서 팀원들이 적극적으로 참여할 수 있는 환경을 만드는 것이 중요합니다.

일반적으로는 다음 순서에 따라 팀의 목표를 설정합니다.

1. 전사의 방향성 확인하기

분기 또는 반기 단위의 팀 목표를 설정하기 전, 전사의 방향성을 반드시 확인해야 합니다. 예를 들어, 기업의 이번 분기 방향성이 신제품 개발 및 출시라면, 마케팅팀의 목표는 기존 상품의 판매보다는 신제품 판매에 중점을 두어야 합니다. 만일 전사의 방향성과 어긋나는 목표를 세우면, 중간에 무산되거나 우선순위에서 밀릴 가능성이 큽니다. 팀의 성과를 인정받기 위해서라도 전사의 방향성과 일치하는 목표 설정은 필수입니다.

2. 목표의 'Why' 점검하기

전사의 방향성을 고려한 후, 우리 팀이 꼭 달성해야 할 목표를 하나 정하십시오. 이때, 다른 더 중요한 목표가 있지는 않은지 논의해 보는 것도 필요합니다. 설정한 목표가 우리 조직과 고객에게 왜 중요한지를 팀원들과 충분히 이야기하십시오. 이 목표를 달성했을 때, 고객과 조직에 어떤 변화가 생길지를 논의하며 목표의 중요성에 대해 팀이 공통된 이해를 가질 수 있어야 합니다. 예를 들어, 마케팅팀의 목표가 신제품 판매라면, 그 이유는 '신제품을 통해 고객에게 트렌디한 이미지를 제공하고, 기존 고객을 유지하며 새로운 고객을 유치할 수 있기 때문' 일 수 있습니다. 이렇듯 목표를 설정한 이유를 명확히 이해할 때, 팀원들은 목표에 더 깊이 공감하고 집중할 수 있습니다.

3. 목표의 'What' 설정하기

이제 팀의 목표와 그 목표의 중요성에 대해 공통된 이해를 얻었다면, 목표를 구체화하는 단계로 넘어가야 합니다. "우리가 목표를 달성했다고 말하려면 어떤 결과들이 나와야 할까요?"라는 질문을 던져보십시오. 예를 들어, 마케팅팀이 신제품 판매라는 목표를 세웠다면, 신제품 판매량, 랜딩 페이지 방문자 수, 광고 ROI와 같은 측정 가능한 지표를 설정할 수 있습니다. 이처럼 목표는 구체적이고 측정 가능해야 하며, 3~5개의 핵심 지표에 집중하는 것이 효과적입니다. 너무 많은 목표는 그 어느 것도 제대로 관리하기 어렵기 때문입니다.

4. 자가 진단표로 목표 정합성 확인하기

목표의 'Why'에 대해 충분히 논의하고, 목표의 'What'을 구체적이고 측정 가능한 수준으로 설정했다면, 이제 목표가 잘 작성되었는지 다음의 진단질문을 통해 검증할 수 있습니다.

- 전사 방향성 또는 상위 목표에 기여합니까?
- 우리 팀의 우선순위에 맞는 목표입니까?
- 목표에 기한을 설정했습니까?
- 결과값이 구체적이고 측정 가능합니까?
- 결과값이 목표 달성 여부를 잘 표현하고 있습니까?

―― Ch3 ――

정보가 곧 기회, 도전의 시작점

정보 비대칭을 해결하고 다시 부활한 IBM

1990년대 초, IBM은 경쟁사들에게 빠른 속도로 시장점유율을 뺏기며 심각한 위기에 처하게 되었습니다. 1993년, 회사는 무려 80억 달러의 손실을 기록했고, 주가는 43달러에서 12달러로 폭락했습니다. 많은 전문가는 IBM의 생존 가능성을 회의적으로 바라봤습니다. 그러나 이때 루 거스트너가 CEO로 취임하며 상황은 반전되었습니다. 그는 IBM을 회복시키는 데 그치지 않고, 기업을 다시 성장 궤도에 올려놓았습니다.[41]

거스트너는 새로운 비즈니스 전략을 도입하는 동시에, 조직 내부의 프로세스를 획기적으로 개선하고 정보 공유의 투명성을 높이는 데 주력했습니다. 그가 취임했을 당시 IBM 내부에는 부서 간 이기주의가 팽배했습니다. 각 부서는 서로 경쟁하며 정보를 공유하지 않았고, 직원들은 고객에게 질 높은 서비스를 제공하기보다는 부서 간 조율에 많은 시간을 낭비했습니다. 지사별 이기주의도 심각해 IBM 유럽 지사의 직원들은 CEO의 이메일조차 전달받지 못하는 일이 발생했습니다. 중간 관리자가 개인적인 판단에 따라 이메일을 차단했기 때문입니다.[42]

거스트너는 이처럼 정보가 원활히 공유되지 않고 의사결정이 지연되는 문제를 해결하기 위해, 권력을 남용하던 경영위원회를 폐지하고 기존의 지역 중심 조직구조를 글로벌 고객 중심으로 재편했습니다. 또한, 분산되어 있던 독립적인 사업부들을 통합하여 조직 간 협업을 강화했습니다. 이러한 변화 덕분에 IBM은 고객 중심의 서비스를 제공하며 부서 간에 긴밀하게 협력하는 조직으로 거듭날 수 있었습니다.

거스트너 재임 기간 동안 IBM의 직원 수는 65,000명 이상 증가했고, 13억 달러의 적자를 흑자로 전환하는 성과를 거뒀습니다. 주가는 무려 8배나 상승하며 IBM은 다시금 세계적인 기업으로 자리매김했습니다.

신뢰와 정보 투명성: 성공하는 조직의 필수요소

딜로이트는 투명성을 '명확하고 직설적인 언어로 직원들에게 중요한 정보, 동기, 결정을 공유하는 것'으로 정의하며, 이를 신뢰의 핵심 요소로 강조했습니다. 실제로 신뢰할 수 있다고 평가된 기업들은 최근 5년 동안 S&P 500 지수 대비 30~50% 더 높은 성과를 달성했습니다. 또한, 이러한 기업들은 근로자의 이직률이 50% 낮고, 동기 부여는 180% 높으며, 추가 책임을 맡을 확률이 140% 증가하는 등 전반적으로 더 높은 생산성과 직무 만족도를 보였습니다. 심지어 직원들의 건강 상태도 더 나은 것으로 나타났습니다.[43]

이러한 긍정적인 결과에도 불구하고, 여전히 투명성을 실현하기 위한 기업의 노력은 부족한 실정입니다. 조사에 따르면, 응답자의 88%가 투명성의 중요성을 인정했지만, 실제로 이를 행동으로 옮긴 응답자는 절반에 불과한 52%였습니다. 더 나아가, 의미 있는 성과를 내고 있는 조직은 단 13%밖에 되지 않습니다. 이는 많은 조직이 투명성을 실현하려는 목표는 가지고 있으나, 이를 달성하기 위한 구체적인 실행계획이 부족하다는 점을 시사합니다.

업무 진행상황을 투명하게 보여주는 도구, 칸반

조직 내에서 공유하는 수많은 정보 중 가장 기본적인 것은 팀의 업무 진행상황입니다. 팀의 업무 상태를 투명하게 공유하는 데 최적화된 도구인 칸반(Kanban)을 소개합니다. 칸반의 핵심은 시각화로, 시각 요소들을 활용해 작업의 진행 상황을 직관적이고 명확하게 확인하도록 돕습니다.

칸반은 원래 일본의 자동차 제조업체 도요타가 생산 효율성을 높이기 위해 도입한 개념입니다. 도요타는 이 시스템을 통해 생산 라인의 병목 현상을 줄이고, 각 부서가 필요로 하는 작업을 적시에 수행할 수 있게 되었습니다. 시간이 지나면서 도요타에서 시작된 제조 칸반은 요식업의 주문처리 방식부터 실리콘밸리의 개발방법론인 Kanban에 이르기까지 다양한 산업에 영감을 주었습니다. 오늘날에는 마이크로소프트, 트렐로와 같은 기업들이 칸반 방식을 디지털화하여 팀들이 온라인에서도 업무를 효율적으로 관리할 수 있도록 지원하고 있습니다.

칸반이라는 이름은 들어보지 못했다 하더라도, 이미 일상에서 다양한 형태의 칸반을 경험해 봤을 수 있습니다. 하지만 칸반을 제대로 활용하기 위해서는 그 기본 요소와 특별한 규칙을 이해하는 것이 중요합니다. 칸반의 기본 요소는 '열'과 '카드'입니다. 가장 단순한 형태의 칸반 보드는 할 일(To Do), 진행 중(In Progress), 완료(Done)의 세 가지 열로 구성됩니다. 각 열은 작업의 현재 상태를 나타내며, 업무가 진행됨에 따라 카드를 이동시키면서 상태를 실시간으로 업데이트합니다. 각 카드에는 구체적인 작업 내용을 기록하며, 필요에 따라 담당자, 마감일 등의 세부 정보를 추가할 수 있습니다. 이를 통해 팀원들은 자신의 역할을 명확히 이해하고, 작업의 우선순위를 쉽게 파악할 수 있습니다.

칸반을 차별화하는 요소 중 하나는 바로 WIP(Work in Progress, 진행 중인 작업) 규칙입니다. 이는 동시에 처리할 수 있는 작업의 수를 제한하는 방식으로, 팀이 과도한 작업에 압도되지 않도록 도와줍니다. WIP 한도를 설정하면 팀은 가장 중요한 업무에 집중할 수 있으며, 한꺼번에 많은 작업을 시도하다 발생하는 프로젝트 지연을 최소화할 수

대기중	진행중	완료	긴급
구매 페이지 UX/UI 개발	2	찜하기 기능 구현 박지수 대리 / 장바구니 담기기능 구현 박지수 대리	실시간 수량 반영 김희정 사원
배송현황 페이지 데모 시연일 세팅 / A배송회사 담당자 최종미팅 / 담당 개발자 추가 면접	2 네비게이션 Tool 탑재 오지훈 주임 / 실시간 배송현황 UX/UI 개발 김성은 대리	배달기사 위치연동 시스템 김성은 대리	
알고리즘 순서도 2차 설계 / 2차 테스트 / 2차 코드리뷰 미팅 / 2차 Q&A	3 밀키트 카테고리별 DB확보 김희정사원 / 알고리즘 Tool 탑재 유혜진 주임		

있습니다.

팀의 누구나 칸반 보드를 통해 현재 진행 중인 작업의 상태를 실시간으로 확인할 수 있습니다. 특정 작업이 지연되거나 문제가 발생할 경우에도 이를 즉시 인지할 수 있어, 빠른 의사결정과 문제 해결이 가능합니다. 이러한 투명성 덕분에, 팀원들은 불필요한 질문이나 중복 작업을 줄이고 업무에 더욱 집중할 수 있게 됩니다.

협력의 촉매제: 칸반이 변화시킨 업무 방식

30명으로 구성된 IT 플랫폼을 만드는 조직이 있었습니다. 이들은 전사적으로 해결해야 할 10개의 중요한 과제를 안고 있었습니다. 새로운 영업 전략 검증, SNS를 통한 서비스 브랜딩, 신규 콘텐츠 제작 등 각기 다른 영역에서 돌파해야 할 문제들이었습니다. 경영자는 이를 해결하기 위해 과제별로 TF를 구성했습니다. 그러나, 기존에도 부서 간 소통이 원활하지 않았던 만큼, 각 TF가 과제를 해결하기 위해 충분히 협력할 수 있을지에 대한 우려가 있었습니다. 또한, 각 팀이 자신의 업무에만 집중해, 과제 진척이 잘 이루어지지 않을 것이라는 고민도 있었습니다.

이러한 고민을 해결하기 위해, 과제별로 칸반보드(Kanban Board)를 구성하여 과제의 진행 상황을 시각화 했습니다. 회사의 라운지에 있는 투명한 유리벽을 활용해 칸반보드를 그리고, 각 과제를 위한 구역을 나눈 뒤 '대기 중', '진행 중', '완료', '긴급'으로 열을 나누었습니다. TF는 매일 아침 스탠드업 미팅을 통해 각자의 작업 진행 상황을 설명하고 다음 우선순위 업무에 대해 논의할 수 있도록 하였습니다.

이렇게 하자, 모든 구성원이 실시간으로 과제 진행 상황을 한눈에 파악할 수 있었고, 문제 해결을 위한 논의도 자연스럽게 이루어졌습니다. 예를 들어, 영업 담당자와 마케터가 함께 참여한 TF는 칸반을 통해 영업 스크립트 수정 작업과 타겟 고객 데이터 추출 작업의 진행 상황을 공유하며, 누군가가 다른 사람의 작업 지연으로 인해 대기하지 않아도 될 정도로 과제를 원활히 관리했습니다. 또한, 기존 콘텐츠를 개선하는 TF는 칸반을 보며 논의하던 중, 작업 속도를 높이기 위해 디자인 교육이 필요하다는 결론에 도달했고, 이를 통해 과제의 퀄리티와 효율성 모두를 향상시킬 수 있었습니다.

부서 간 교류가 부족했던 이 조직은 과제를 중심으로 새롭게 구성된 TF 안에서 소통이 원활하게 이루어질지, 기존 업무에 밀려 과제가 소홀해지지 않을지 걱정했지만, 칸반보드 덕에 이러한 우려를 해결할 수 있었습니다. 칸반은 과제의 진행 상황을 명확하게 시각화하여 팀원들에게 지속적으로 상기시켜 주었을 뿐만 아니라, 정체된 부분을 빠르게 파악하고 해결할 수 있는 길을 열어 주었습니다. 이처럼, 칸반은 팀의 문제 해결을 촉진하고 팀의 협업을 강화하는 강력한 도구입니다.

칸반을 쉽게 도입하는 5가지 단계

혹시 팀원 간에 업무 진행 상황을 제대로 알지 못해 소통에 많은 시간과 비용을 투여하지는 않습니까? 또는 업무 진행 관리가 되지 않아 마무리가 항상 불명확하게 끝나지는 않습니까? 팀의 목표를 달성하기 위해 각자 열심히 일하고 있지만, 어디서부터 소통을 시작해야 할지 막막하다면 칸반 도입을 고려해볼 수 있습니다. 아래 다섯 단계는 우리 조직에 맞게 쉽고 빠르게 칸반을 도입 및 실행할 수 있는 방법입니다.

1. 칸반 설치 장소 탐색

먼저, 칸반을 설치할 장소를 찾습니다. 사무실 내 유리창이나 벽, 혹은 화이트보드를 활용할 수 있습니다. 만약 공간이 충분하지 않다면, Miro나 Trello와 같은 온라인 도구를 사용할 수 있지만, 지속적으로 볼 수 있는 실물 칸반보드를 설치하는 것을 추천합니다.

2. 칸반 설치하기

화이트보드라면 마커를, 벽이나 유리창이라면 마스킹 테이프를 사용해 칸반보드를 설치합니다. 이때, 업무 열을 어떻게 구성할지 정해야합니다. 업무 프로세스에 따라 열을 세분화할 수 있지만, 처음에는 가장 단순한 형태인 '대기 중(To Do)', '진행 중(Doing)', '완료(Done)'로 시작하는 것을 추천드립니다. 업무 카드는 정해진 양식을 만들기보다는 포스트잇에 업무 내용과 담당자를 명시하는 간단한 형태로 시작하는 것을 추천드립니다. 업무는 한 주 내로 처리할 수 있는 단위로 쪼개서 작성하는 것이 효과적입니다. 각 카드는 작업의 흐름에 따라 '대기 중'에서 '진행 중'으로, '진행 중'에서 '완료'로 이동시킵니다.

3. 정기적인 미팅 진행

칸반보드를 기반으로 팀의 업무 진행 상황을 논의할 정기적인 미팅을 진행합니다. 최소 주 1회는 모여 지연되고 있는 업무와 이를 완료하기 위해 필요한 지원을 논의하는 것이 좋습니다. 이때, '진행 중'으로 옮길 작업을 선정하고, 목표 달성에 중요한 업무를 우선시하는 논의를 함께 진행해야 합니다.

4. 칸반 피드백하기

'100개의 팀이 있으면 100개의 칸반이 있다'는 말이 있습니다. 즉, 각 팀의 특성에 맞게 칸반을 지속적으로 피드백하고 조정해야 합니다. 초기 설정이 우리 팀의 업무 흐름에 적합한지, 개선할 점은 없는지 정기적으로 논의하는 것은 필수입니다. 필요에 따라 WIP 수를 조정하거나, 긴급 업무를 처리하기 위한 '긴급' 열을 추가할 수도 있습니다. 매일 짧은 시간 동안 업무 진행 상황을 공유하는 미팅을 추가하는 것도 한 가지 방법입니다.

─── Ch4 ───

도전적 목표, 무게를 감당할 수 있는 아이디어가 있는가

대한민국 회의문화 점수는 45점

2017년 대한상공회의소가 국내 상장사 소속 직장인 1,000명을 대상으로 조사한 '회의문화 실태와 개선 해법' 보고서에 따르면, 직장인들이 평가한 회의문화의 평균 점수는 100점 만점에 45점에 불과했습니다. 세부적으로 보면 회의 효율성은 38점, 소통 수준은 44점, 성과 점수는 51점으로 모두 저조한 평가를 받았습니다.[44]

특히 '회의 시 상하 소통이 잘 이루어지는가'라는 질문에 대해 긍정적으로 답한 응답자는 26.4%에 그쳤습니다. 회의를 연상시키는 단어를 묻는 질문에서는 '자유로움', '창의적' 등의 긍정적인 표현은 9.9%에 불과한 반면, '상명하달', '강압적', '불필요함', '결론 없음' 등의 부정적인 표현은 91.1%에 달했습니다.

회의가 불필요하다고 느낀 이유로는 '단순 업무 점검 및 정보 공유 목적이라서'라는 응답이 32.9%로 가장 많았고, 이어서 '일방적 지시 위주라서'라는 답변이 29.3%를 차지했습니다. 또한, 상사가 발언을 독점하는지에 대한 질문에는 61.6%가 그렇다고 답했고, 회의결론이 상사의 의견대로 정해지는지에 대한 질문에 대해서는 75.6%가 그렇다고 응답했습니다.

실제로 직장인들은 지난 1주일 동안 참석한 회의 중 3분의 1에서 거의 발언하지 않았다고 답했습니다. 발언을 했을 때도 자신이 가진 생각의 29.4%만 표현했다고 응답했습니다. 동료 간 수평적 소통도 원활

능동적 직무수행과 개방적 소통 간의 상관관계

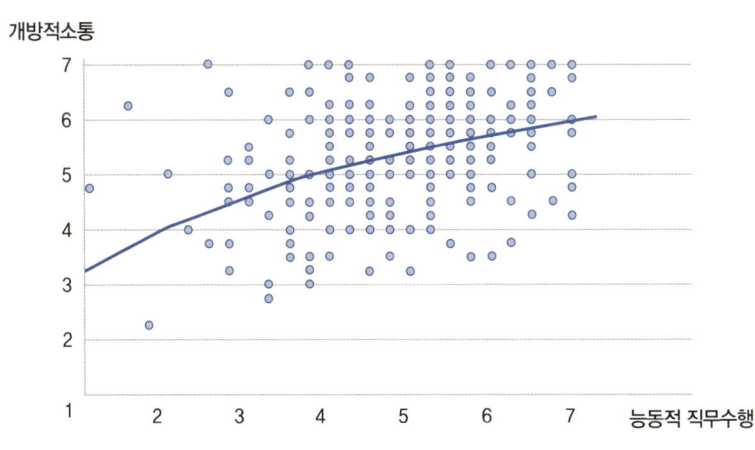

하지 않았습니다. 회의 참석자 간 신뢰 부족이 그 원인으로 보였으며, '내 의견이 동료들로부터 존중받을 것이라고 믿는가'라는 질문에 대해 43.3%의 직장인만이 긍정적으로 답했습니다.

이처럼 우리 나라 직장인들은 회의에서 상사와의 수직적 소통뿐만 아니라 동료들과의 수평적 소통도 원활하지 않다고 느끼고 있습니다. 많은 직장인은 자신의 의견이 존중받지 못할 것이라고 생각합니다. 그 결과 자신의 생각을 부분적으로 표현하거나 아예 표현하지 않는 경우가 많습니다.

한편, 대한민국 기업을 대상으로 실시한 조직역동성 진단 결과에 따르면, 심리적 안전감의 하위 요소- 중 하나인 개방적 소통이 높은 조직일수록 혁신 행동과 능동적인 업무 수행이 높게 나타났습니다. 이는 자신의 의견을 자유롭게 표현할 수 있는 환경에서 직원들이 업무를 주도적으로 계획하고 실행하며, 문제 해결에 몰입한다는 뜻입니다.

직원들은 자유롭게 의견을 제시할 수 있는 환경이 조성될 때 더욱 문제 해결에 몰입하고 적극적으로 실행하게 됩니다. 반대로, 의견을 냈을 때 동료나 상사의 반응을 지나치게 의식해야 한다면, 그만큼 자신의 의견을 검열하는 데 시간을 소모하게 되고, 결국 문제를 해결하려는 의지나 몰입도가 떨어질 수밖에 없습니다.

퍼실리테이션: 자율적 참여와 협력적 문제 해결의 열쇠

이러한 문제를 해결하기 위한 방법 중 하나로, 사람들의 협력과 의사소통을 촉진하여 회의의 목표를 효과적으로 달성하도록 돕는 퍼실리테이션이 있습니다. 퍼실리테이션은 고대 그리스의 철학적 토론에서 기원을 찾을 수 있는데, 20세기 초 교육학과 심리학의 발전과 함께 현대적인 개념으로 자리 잡았습니다. 특히 커트 르윈(Kurt Lewin)은 조직 역동과 변화 관리 연구를 통해, 조직 내에서 변화가 일어나려면 그룹 구성원들이 상호작용하고 협력해야 한다는 점을 강조했습니다. 이를 위해 그는 중립적인 조정자로서 퍼실리테이터의 필요성을 주장했습니다.

퍼실리테이션의 철학은 자율적 참여와 협력적 문제 해결에 중점을 둡니다. 그 핵심 목표는 모든 구성원이 자신의 의견을 자유롭게 표현하고, 이를 통해 그룹이 더 나은 결정을 내릴 수 있도록 돕는 것입니다. 퍼실리테이터는 권위적이지 않은 중립적인 촉진자로서, 그룹 내에서 의사결정에 영향을 미치지 않고, 구성원들이 스스로 결정을 내릴 수 있도록 지원하는 역할을 합니다. 또한 퍼실리테이션은 민주적 의사소통을 지향하며, 모든 구성원이 자유롭게 의견을 표현하고, 그 의견들이 공정하게 다뤄질 수 있는 구조를 만듭니다.

퍼실리테이터의 역할은 네 가지로 요약됩니다.

- **의사소통 촉진**: 모든 구성원의 의견을 공정하게 수렴하며, 특정 사람에게만 발언권이 집중되지 않도록 조정합니다. 또한, 의사소통 과정에서 발생할 수 있는 오해나 갈등을 중재하여 대화가 생산적으로 진행되도록 돕습니다.

- **갈등 조정:** 갈등이 발생했을 때, 중립적인 입장에서 갈등의 원인을 분석하고, 서로 다른 입장을 가진 구성원들이 협력적으로 문제를 해결할 수 있도록 지원합니다. 이를 통해 그룹은 갈등을 극복하고, 더 나은 해결책을 도출할 수 있습니다.

- **과정 관리:** 회의나 워크숍에서 논의가 체계적으로 진행되도록 과정을 관리합니다. 이는 논의가 목표에 맞게 진행되고, 시간 내에 결론을 도출할 수 있도록 하는 중요한 역할입니다. 이를 위해 논의 과정에서 불필요한 논점을 피하고, 핵심 주제에 집중하도록 돕습니다.

- **참여 유도:** 모든 구성원이 논의에 적극적으로 참여할 수 있도록 독려합니다. 이를 위해 구성원들이 자신의 의견을 표현할 수 있는 기회를 제공하며, 조용한 성향의 구성원들도 편안하게 참여할 수 있는 환경을 조성합니다.

브레인라이팅으로 새로운 마케팅 전략을 도출한 A 기업

전국 곳곳에서 유초등학생을 대상으로 교육 서비스를 제공하는 A 기업의 마케팅팀은 처음으로 팀의 공동 목표를 달성하기 위한 회의를 진행하게 되었습니다. 그러나 회의 시작부터 어색한 공기가 감돌았습니다. 아무도 선뜻 아이디어를 내지 못하고 머뭇거리기만 한 것입니다. 그동안 각자 자신의 업무에만 집중하며, 필요할 때는 팀장에게 일대일로 피드백을 받았을 뿐, 서로 의견을 나눠본 적이 없었기 때문입니다. 팀원들은 '내가 이 의견을 내도 될까?', '다른 팀원들이 내 의견을 이상하게 생각하면 어떡하지?', '이건 너무 뻔한 생각인데, 아이디어로 내도 괜찮을까?' 같은 고민과 불안감을 느끼고 있었습니다.

마케팅팀은 이런 상황을 개선하고 팀원들이 자유롭고 편하게 의견을 나눌 수 있도록 포스트잇을 활용한 브레인라이팅(Brainwriting) 기법을 도입했습니다. 다른 사람의 아이디어를 참고하며 자신의 아이디어를 확장해갔습니다. 그 결과, 30분 내에 6명의 팀원이 50개 이상의 아이디어를 도출할 수 있었습니다. 이 과정에서 '고객 참여형 콜라보 이벤트', '친구 추천 입회 프로모션', '학부모 서포터즈'와 같은 기존에 시도하지 않았던 새로운 마케팅 전략들이 제안되었습니다.

이 미팅을 통해 마케팅팀은 한 분기 동안 도전적인 목표를 달성하기 위한 신선한 전략을 발굴할 수 있었습니다. 또한 팀원들은 팀 내에서 자유롭게 의견을 낼 수 있다는 자신감을 얻게 되었습니다. 더불어 창의적이고 혁신적인 아이디어는 혼자만의 결과물이 아니라, 팀이 함께 의견을 나눌 때 더 효과적으로 나올 수 있다는 중요한 경험을 했습니다. 결국, 이 회의를 통해 팀원들은 아이디어의 좋고 나쁨을 따지는 것보다 날 것 그대로의 아이디어를 팀에 공유하고 동료들과 함께 확장하고 발전시키는 과정이 더 큰 가치를 만든다는 것을 깨닫게 되었습니다.

아이디어의 양을 획기적으로 늘리는 브레인라이팅 기법

도전적인 목표를 세웠다면, 그 목표에 걸맞은 도전적인 전략과 실행이 필요합니다. 지금까지 해왔던 방식을 그대로 유지하는 것으로는 목표를 달성할 수 없습니다. 이런 맥락에서 브레인라이팅(Brainwriting)은 혁신적인 아이디어를 도출하는 데 효과적인 퍼실리테이션 기법 중 하나입니다. 브레인라이팅은 브레인스토밍과 유사하게 아이디어를 도출하지만, 말 대신 종이에 아이디어를 적는 방식을 사용한다는 점에서 차이가 있습니다. 이를 통해 대화에서 발생할 수 있는 의견 지배나 특정 발언에 영향을 받지 않고, 보다 다양한 아이디어가 나올 수 있습니다.

브레인라이팅은 보통 6-3-5 기법으로 많이 진행됩니다. 6-3-5 기법은 6명의 참가자가 5분 동안 3개의 아이디어를 적고, 이를 바탕으로 추가적인 아이디어를 발전시키는 과정을 6번 반복하는 방식입니다. 이 기법을 사용하면 최대 108개의 아이디어를 도출할 수 있습니다.

6-3-5 기법을 통해 아이디어를 도출하는 과정은 다음과 같습니다. 먼저 해결하고자 하는 문제를 명확히 설정한 후, 각 참가자는 A4 용지를 세로로 놓고 포스트잇 3장을 가로로 붙입니다. 각 포스트잇에는 주제와 관련된 3가지 아이디어를 짧고 간결하게 5분 동안 적습니다. 시간이 지나면 각 참가자는 자신의 종이를 오른쪽 사람에게 전달하고, 왼쪽 사람의 종이를 받아 다른 사람의 아이디어를 참고한 후 새로운 아이디어를 적거나 기존 아이디어를 확장해 작성합니다. 이 과정을 6번 반복한 후, 모든 아이디어를 모아 중복된 아이디어를 그룹화하고, 유사한 주제별로 범주화한 뒤 팀과 함께 실행 가능한 아이디어를 선정하고 구체적인 실행 계획을 수립합니다.

브레인라이팅이 효과적인 이유는 참가자들이 동등한 기회를 가지고

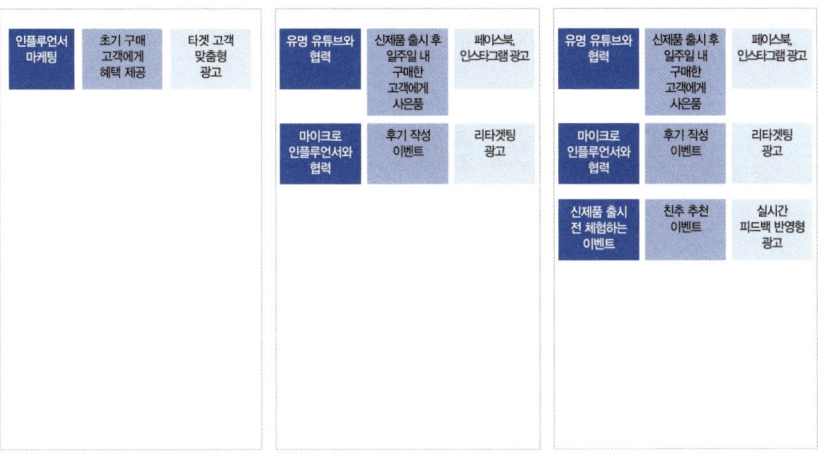

자유롭게 아이디어를 제안할 수 있으며, 팀원들이 협력하여 아이디어를 확장한다는 점에 있습니다. 그러나 무엇보다 짧은 시간 안에 많은 아이디어를 도출하고, 양이 질로 이어지는 과정을 경험할 수 있습니다.

물론 처음부터 소수의 좋은 아이디어를 도출하는 것이 더 효율적일 것이라 생각할 수도 있습니다. 하지만 좋은 아이디어에 대한 기대가 오히려 장벽이 되어, 좋은 아이디어라도 쉽게 표현되지 못하는 경우가 생각보다 많습니다. 또한, 처음부터 완성된 '좋은' 아이디어를 내는 것은 쉽지 않습니다.

아이디어의 양을 늘리는 것이 중요합니다. 많은 아이디어를 조합하거나 수정하면서 더 나은 아이디어를 만들어내는 과정이 필요합니다. 브레인라이팅은 바로 이러한 과정에서 양이 질이 되도록 돕는 기법입니다.

― Ch5 ―

재도전의 성공율을 높이는 유일한 방법

똑같은 실수를 하고 싶지 않다면 피드백하세요

"이건 안전과 직결된 문제라, 다시는 이런 실수를 하면 안 되는데, 어떻게 해야 할까요?" D 기업의 경영자가 던진 질문입니다. D 기업은 팥 가공식품을 만드는 회사로, 사건은 직원이 한눈을 판 사이 팥을 끓이던 냄비에 불이 붙으면서 발생했습니다. 다행히 큰 화재로 번지지 않았지만, 여러 직원이 함께 근무하는 공장에서 일어난 일이었기에 위험천만한 상황이었습니다. 경영자는 이 직원에게 다시는 같은 실수를 하지 않아야 한다고 말하고 싶었지만, 감정적인 비난보다는 확실한 재발 방지을 원했기에 위와 같은 질문을 한 것입니다.

해당 직원은 사건에 대해 셀프 피드백을 하면서 '팥을 끓이는 냄비에 물을 적정량보다 적게 넣었다'는 문제를 발견했습니다. 처음에 그는 아마도 셀프 피드백이 낯설었을 것이며, '반성문을 쓰라는 것인가?'라는 생각에 과하게 느껴졌을 수도 있습니다. 하지만, 피드백을 통해 자신의 실수의 원인을 분석할 수 있었고, 다시 같은 실수를 하지 않을 방법을 찾을 수 있었습니다. 이처럼 피드백은 잘못된 결과 자체에 집중하는 것이 아니라, 그러한 결과가 나온 원인을 분석하고 다시 동일한 실수를 예방하는 데 초점을 맞춥니다.

실패에서 배우는 법: 아마존 Fire Phone에서 Alexa까지

피터 드러커는 1973년 출간한 『매니지먼트』에서 "피드백은 학습의 유일한 방법이다"라고 말했습니다. 이는 피드백이 개인과 조직이 무엇을 성취했는지 그리고 그 성과가 목표와 어떻게 다른지를 직접적으로 평가할 수 있는 유일한 수단이기 때문입니다. 피드백은 이론적 학습이나 예측이 아닌, 실제 결과에 기반한 정보를 제공하므로, 이를 통해 개선점을 찾는 과정이 바로 학습의 본질이라는 것입니다.

글로벌 기업인 아마존 역시 QBR(Quarterly Business Review) 제도를 통해 각 팀의 분기 성과를 돌아보고, 성공과 실패의 원인을 철저하게 분석합니다. 제프 베조스는 실패를 분석하는 과정을 혁신의 필수 요소로 여겼습니다. 이를 통해 아마존은 새로운 서비스와 제품을 빠르게 개선하고 출시할 기회를 얻습니다. 그 대표적인 사례가 Fire Phone의 실패에서 Alexa와 Echo 디바이스로 이어진 성공입니다.

2014년 아마존은 모바일 기기 시장에 진출하기 위해 Fire Phone을 출시했습니다. 이 스마트폰은 독특한 3D 디스플레이와 아마존 서비스와의 긴밀한 통합을 제공했지만, 소비자들은 그 가치를 크게 느끼지 못했습니다. 그 결과 Fire Phone은 시장에서 큰 실패를 겪었습니다. 그러나 아마존은 이 실패를 철저히 분석했습니다. 그 결과 소비자들이 원하는 것은 단순한 스마트폰이 아니라, 자연스럽고 직관적인 음성 인터페이스라는 점을 깨달았습니다. 어렵게 얻은 피드백을 바탕으로, 아마존은 성공적인 음성 인공지능인 Alexa와 Echo 디바이스를 개발했습니다.

Alexa가 탑재된 Echo 디바이스는 Fire Phone이 터치 기반이었던 것과 달리, 핸즈프리 음성 인터페이스를 도입하여 사용자들이 더 직관적이고 편리하게 기기를 제어할 수 있게 했습니다. 또한 피드백을 통해 고객들이 아마존 생태계와 밀접하게 연결된 기기보다는 실용적이고 일상적인 도움을 제공하는 기기를 원한다는 점을 파악했습니다. 그에 따라 아마존은 Alexa를 통해 고객이 원하는 음악 재생, 정보 검색, 스마트홈 제어와 같은 기능을 제공하며 고객의 일상에 실질적인 가치를 더했습니다.

단순하지만 제대로 피드백하는 방법, AAR

피드백 방법에는 여러 가지가 있지만, 그중 AAR(After Action Review)

을 추천드립니다. AAR은 원래 미 육군이 적의 침투에 대비한 모의 전투 훈련 후, 사용된 전술에 대해 피드백을 제공할 때 활용된 방식입니다. 오늘날에는 직원의 일일 업무, 주간 단위의 업무, 팀의 프로젝트 회고에 유용하게 적용되고 있습니다.

AAR의 목적은 활동이 끝난 후 성과를 분석하고, 무엇이 잘 되었는지, 무엇이 개선되어야 하는지를 파악하는 데 있습니다. AAR은 다섯 가지 단계로 구성되며, 각 단계는 얻고자 한 것(목표), 얻은 것(결과), 차이와 원인 분석, 해야 할 것(Do), 하지 말아야 할 것(Don't)입니다.

1. 얻고자 한 것(목표)

행동을 시작하기 전, 팀이나 조직이 달성하려고 하는 것에 대한 구체적인 목표를 설정합니다. 목표는 SMART 원칙에 따라 구체적 (Specific)이고, 측정 가능(Measurable)하며, 달성 가능(Achievable)하고, 결과 지향적(Result-oriented)이며, 시간 제한(Timely)이 있는 방식으로 작성하는 것이 좋습니다.

2. 얻은 것(결과)

행동이 끝난 후, 실제 결과를 평가하는 단계입니다. 데이터를 바탕으로 목표 달성 여부를 객관적으로 확인하고, 팀이 어떤 성과를 거두었는지를 분석합니다. 이때, 의도한 결과뿐 아니라 예상하지 못한 결과까지 모두 파악하는 것이 중요합니다. 숫자로 측정할 수 있는 결과 이외에도 이를 통해 얻은 지식이나 프로세스 개선 등 간접적인 성과도 확인해야 합니다.

3. 차이와 원인 분석

이 단계는 AAR에서 가장 중요한 부분으로, 목표와 실제 결과 간의 차이를 분석하는 단계입니다. 목표와 결과가 왜 달랐는지, 어떤 요소들이 성공을 이끌었고 어떤 요소들이 장애물이 되었는지 심층적으로 분석합니다. 이때 중요한 것은 외부 환경이나 바꾸기 어려운 태도에 원인을 두지 않고, 구체적인 행동에서 원인을 찾는 것입니다. 여러 번의 질문을 통해 근본적인 원인을 발견하는 것이 핵심입니다.

4. 해야 할 것(Do)

차이를 분석한 후, 그에 따라 다음에 해야 할 구체적인 행동을 정리하는 단계입니다. 향후 유사한 상황에서 더 나은 성과를 내기 위해 반복적으로 적용해야 할 행동을 도출합니다. 이 단계에서는 단순히 계획을 세우는 것이 아닙니다. 성과를 내기 위해 꼭 반복해야 할 구체적 행동을 선정하는 것이 중요합니다.

5. 하지 말아야 할 것(Don'ts)

마지막으로, 앞으로 피해야 할 행동을 도출하는 단계입니다. 실패한 부분이나 효과적이지 않았던 접근 방식을 확인하고, 이를 반복하지 않기 위해 구체적으로 무엇을 하지 말아야 하는지를 정리합니다. 예를 들어, 목표 달성에 도움이 되지 않았던 전략이나 비효율적인 의사소통 방식 등이 여기에 해당할 수 있습니다. 이 단계는 실수를 예방하고 지속적인 개선을 도모하는 데 매우 중요합니다.

마케팅팀의 AAR 예시

얻고자 한 것	얻은 것
월 평균 재주문 건수 700건에서 1,500건으로 증가	- 월 평균 재주문 건수 1,000건으로 증가 - N 채널 라이브 방송을 통해 판매하는 법

차이와 원인	
차이: 월 평균 재주문 건수 500건 부족 원인: - 온라인 자사몰 주문 프로세스가 복잡해서 고객의 주문 중 이탈율이 높았음. - 재구매 유도를 위한 프로모션이 부족했음.	

해야할 것	하지 말아야 할 것
- 결제 과정에서 고객이 반복적으로 정보를 입력해야 하는 프로세스 간소화 - 반복 구매에 대한 혜택 강화하기	외부 유통 채널에만 의존하는 것

피드백 훈련을 도와주는 AAR 단계별 자가진단질문

AAR을 통해 피드백 훈련을 시작하기로 했다면, 처음에는 하루 업무를 대상으로 AAR을 진행하는 것을 추천합니다. 하루 업무의 성과를 관리할 수 있게 되면, 점차 일주일, 한 달 등 더 긴 기간에 대한 AAR도 가능해질 것입니다. 처음에는 하루 단위의 업무 피드백을 진행하는 것에도 30분 이상 시간이 소요될 수 있습니다. 이는 잘못된 것이 아닙니다. 오히려 제대로 하고 있기 때문에 그만큼 시간이 걸리는 것입니다. 단계별로 AAR을 잘 수행했는지를 점검할 수 있는 자가진단표를 활용하면, 더 높은 수준의 통찰과 개선점을 도출할 수 있을 것입니다. [부록4. AAR 카드 참고]

1. 얻고자 한 것

- 목표를 구체적으로 작성했습니까?
- 목표가 측정 가능합니까?
- 너무 도전적이거나 달성하기 쉬운 목표는 아닙니까?

2. 얻은 것

- 실행 후 나타나는 모든 결과를 작성했습니까?

3. 차이와 원인

- 외부요인이나 태도가 아닌 행동을 중심으로 원인을 분석했습니까?
- 실행 가능한 수준으로 원인을 분석했습니까?

4. 해야 할 것

- 더 나은 결과를 위해 취해야 할 행동을 구체적으로 작성했습니까?

5. 하지 말아야 할 것

- 더 나은 결과를 위해 멈춰야 할 행동을 구체적으로 작성했습니까?

CODE #5.

잘 때도
일 생각하게 만드는,
업무효능감

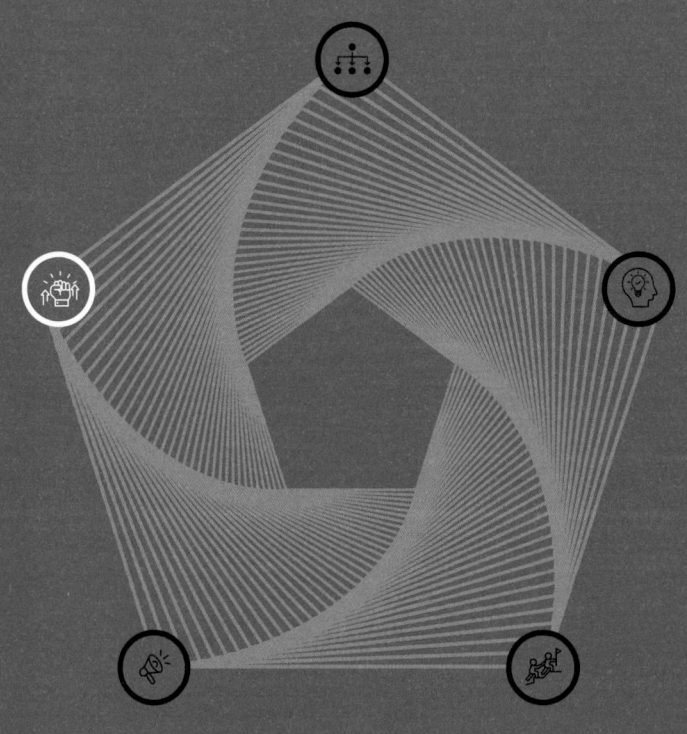

Work Efficacy

Ch1. 동기부여? 아니다, 동기발견이다

Ch2. 연봉보다 중요한 것이 딱 하나 있다면?

Ch3. 일터를 놀이터로 만드는 방법

Ch4. 이곳에서 넌 달나라도 갈 수 있어!

Ch5. 왕관을 쓰려는자에게 자율과 책임을

Ch1

동기부여? 아니다, 동기발견이다

대퇴직 이후 옮겨진 동기부여의 축

코로나 팬데믹은 세계 경제에 큰 충격을 주었습니다. 그 중에서도 '대퇴직(The Great Resignation)' 현상이 특히 두드러졌습니다. 브루킹스 연구소의 발표에 따르면 미국은 2020년 4월에 실업률이 14.8%로 급등했는데, 이는 1948년 이래 가장 높은 수치로 기록되었습니다. 또한 노동력 참여율은 60.1%로 하락하며, 1970년대 이후 최저치를 기록했습니다.45 미 상공회의소에 따르면 2021년과 2022년에는 미국에서만 각각 4,780만 명과 5,000만 명 이상의 근로자가 직장을 자발적으로 떠났으며, 이로 인해 일자리 공석이 크게 증가했습니다. 이러한 현상

은 노동 시장에 큰 구멍을 남기며, 기업들이 고용 인재를 찾는 데 어려움을 겪게 만들었습니다.[46]

대한민국도 마찬가지였습니다. 2020년 통계청 발표에 따르면 코로나 팬데믹이 경제에 미친 영향으로 한국은 5월에 실업률 4.5%를 기록했는데, 이는 2010년 1월 이후 최저 수준이었습니다.

글로벌 컨설팅사 맥킨지에서는 팬데믹 이후, 직원들이 직장을 그만두는 주요 이유로는 배려심 있는 리더의 부재(35%), 과도한 업무에 대한 기대치(35%), 경력 개발 및 성장 가능성의 부족(35%)을 꼽았습니다.[47] 이는 단순한 재정적 인센티브나 전통적인 승급만으로는 직원들을 유지할 수 없다는 것을 보여줍니다. 조직은 직원들이 원하는 성장, 참여, 웰빙을 포함한 전체적인 경험을 제공할 필요가 있습니다.

더불어 맥킨지 연구 결과에 따르면 최대 55%의 직원들이 비재정적 인정에 의해 동기부여를 받는데, 이는 직원들이 자신의 성과가 충분히 인정받고 있지 않다는 느낌을 받을 때 이직을 결심하는 경향이 있다는 또 다른 연구 결과와 일맥상통합니다.[48,49]

글로벌 리서치 조사 기관 퓨리서치에 따르면 2021년에 직장을 그만둔 근로자의 대부분은 낮은 임금(63%), 부재한 승진 기회 (63%), 존중받지 못한다는 느낌(57%)을 사직의 이유로 꼽았습니다(2월 7일~2월 13일 조사). 최소 3분의 1은 이 두 가지 모두가 회사를 그만두는 주요 이유라고 답했습니다. 이제 기업은 보다 인간 중심적이고 개별화된 직원 경험을 창출하는 데 집중해야 합니다.

리더라면 집중해야 할 동기 세 가지

"최종 면접 질문이 너무 인상 깊어서 입사했습니다!" 강남에 위치하고 있는 콘텐츠 제작을 하는 N 기업의 점심시간, 한 마케팅 신입사원의 말에 온 회사가 떠들썩해졌습니다. 얼마 전 입사한 김 사원이 첫 출근 후 점심시간에 웃으며 한 말 때문이었습니다. 김 사원은 '성장 가능성'을 최우선 가치로 설정하며 이런 질의응답을 하는 조직이라면 본인이 성장할 수 있을 것 같다는 것을 입사 이유 1순위로 꼽았습니다. 이를 계기로 리더들은 면접 질문지가 면접자에게 N 기업의 가치와 방향성을 알려줄 수 있는 방법이라는 것을 깨달았습니다. 이후 면접 질문지는 계속해서 업데이트되었고, 기업의 핵심 가치인 몰입과 성장을 추구하는 구성원들을 뽑을 수 있었습니다.

닐 도쉬, 린지 맥그리거가 쓴 책 『무엇이 성과를 이끄는가』에서는 일하는 동기를 여섯 가지로 분류했습니다.

직접 동기는 직원이 개인적으로 보람을 느끼기 때문에 일에 참여하도록 하는 내부적이고 본질적인 요인을 말합니다. 직접 동기에는 '즐거움', '의미', '성장'이 있습니다. 직접 동기를 부여받는 직원은 업무 자체에서 개인적인 만족을 찾습니다. '즐거움'은 직원들이 일 자체의 재미에 의해 동기를 부여받는 것입니다. 그들은 일을 하는 동안 가설검증, 문제 해결 및 학습에서 즐거움을 찾습니다. '의미'는 직원들이 자신의 일이 다른 사람이나 사회에 선한 영향력을 미친다고 느끼는 것입니다. 그들은 자신의 일이 자신의 가치와 신념과 일치하기 때문에 동기를 얻습니다. '성장'은 직원들이 자신의 일이 개인적 성장과 미래의 성과에 어떻게 기여할 수 있다는 것을 느끼는 것입니다. 그들은 자신의 노력이 기술을 개발하거나 경력을 발전시키는 데 도움이 될 것이라는 생각으로부터 동기를 얻습니다.

반면 간접 동기는 직원이 외부로부터 압박감을 느끼거나 보상을 위해 일에 참여하도록 하는 요인을 말합니다. 간접 동기에는 '경제적 압박감', '정서적 압박감', '타성'이 있습니다. '경제적 압박감'은 오로지 재정적 이득이나 처벌을 피하기 위해 일하는 것을 말합니다. 이는 외재적 보상이며, 작업 자체와 분리되어 있기 때문에 시간이 지남에 따라 동기가 약화되는 경우가 많습니다. '정서적 압박감'은 죄책감, 부끄러움 또는 다른 사람을 실망시키는 것에 대한 두려움과 같은 외부적 요인에서 비롯됩니다. '타성'은 직원들이 업무나 조직과의 연관성을 느끼지 못한 채 습관적으로 일할 때 발생합니다. 이는 그들의 행동을 주도하는 능동적 동기가 없는 것이 원인이 됩니다.

구성원들이 가지고 있는 동기를 적절하게 발견하는 것 또한 리더의 역할 중 하나입니다. 따라서 리더로서 함께 일하고 있는 동료가 어떤 동기를 가지고 있는지 살펴보아야 합니다. 그 후 적절한 동기를 발견하고 직접 동기 세 가지를 느끼게 해 줄 필요가 있습니다.

업무 효능감의 열쇠, GWP 지표

구성원들이 당당하게 출근하며 일하고 싶은 회사들의 공통점은 세 가지 주요 요소인 의미, 즐거움, 성장과 직접적으로 연관됩니다. 이 세 가지 지표는 직접 동기의 핵심 요소로, 이를 GWP(Great Work Place)라고 합니다. GWP 지표는 구성원들이 일하기 좋은 회사를 정의하는 기준으로, 직원들이 업무에서 효능감을 느끼고 성장할 수 있는 환경을 조성하는 것이 중요하다는 인식에서 출발했습니다.

GWP 지표가 높은 조직은 구성원들이 자신의 업무에서 의미를 찾고 즐거움을 느끼며 성장할 기회를 제공받습니다. 이러한 경험은 구성원들의 업무 효능감과 직무 만족도를 높이고, 결과적으로 회사에 대한 애착을 강화시킵니다. 이처럼 GWP는 직원들의 몰입을 유도하고 조직 전체의 성과를 끌어올리는 중요한 결과를 낳습니다.

특히, 구성원들이 동료로부터 업무에 대한 긍정적인 피드백을 받거나, 일상 속에서 번뜩이는 아이디어가 떠오르는 경험을 하는 것은 이들의 업무 효능감을 높이는 데 크게 기여합니다. 연구 결과에 따르면, GWP 지표가 높은 조직일수록 구성원들의 몰입도가 높아지며, 그 결과로 업무 효능감도 증가하는 경향이 나타났습니다. 따라서 기업은 직원들이 업무를 통해 의미와 즐거움, 성장을 느낄 수 있는 환경을 조성하고, 경제적·정서적 압박을 줄이는 노력을 해야합니다.

다음의 GWP 지표 항목 샘플을 통해 회사 고유의 GWP 지표를 설정해보실 것을 추천드립니다.

GWP 직접 동기별 하위 항목 샘플

1. 즐거움 (Joy)
- 다양한 업무: 직원들이 자신의 강점과 관련된 여러 일을 처리할 때 즐거움을 느낄 수 있습니다. 새로운 것을 즐기고 다룰 수 있는 업무의 범위가 넓어지는 것과 관련이 있습니다.
- 협동적 팀워크: 동료들과의 협력 및 소통을 통해 효율적으로 문제를 해결할 때 즐거움을 느낄 수 있습니다. 긍정적인 인간관계를 통해 느끼는 안정감과 관련이 있습니다.
- 문제 해결: 업무 과정에서 스스로 문제를 해결할 때 즐거움을 느낄 수 있습니다. 맡은 과업을 해결하기 위한 책임감과 관련이 있습니다.

2. 의미 (Meaning)
- 사회적 기여: 직원들이 자신의 업무와 사회적으로 중요한 가치를 인지할 때 의미를 느낄 수 있습니다. 자신의 업무를 통해 여러 사람들과 조직에 미치는 결과와 관련이 있습니다.
- 비전 정렬: 회사의 비전이나 목표와 자신의 업무가 일치할 때 의미를 느낄 수 있습니다. 직원들이 회사의 방향성과 자신의 업무 사이에 존재하는 연결성을 느끼는 것과 관련이 있습니다.
- 성취: 자신이 중요한 업무를 통해 성과를 달성하거나 발전했을 때 의미를 느낄 수 있습니다. 문제 해결 과정에서 느끼는 만족감과 관련이 있습니다.

3. 성장 (Growth)

- 능력 개발: 직원이 자신의 업무를 통해 자신의 역량을 발전시킬 때 성장을 느낄 수 있습니다. 자신이 다룰 수 있는 업무의 깊이가 더해지는 직무적 성장과 관련이 있습니다.
- 경력 개발: 현재 업무를 통해 자신의 경력에 도움이 될 수 있는 경험을 쌓을 때 성장을 느낄 수 있습니다. 자신의 업무에서 보다 전문성 있는 포트폴리오를 쌓아나가는 성취감과 관련이 있습니다.
- 도전성: 직원들이 역량보다 높은 목표를 설정하고 달성할 때 성장을 느낄 수 있습니다. 도전적인 목표를 설정하고 해결하는 과정에서 느끼는 창의성과 관련이 있습니다.

—— Ch2 ——

연봉보다 중요한 것이 딱 하나 있다면?

"저는 의미 있는 일을 하고 싶습니다"

강남에 위치하고 있는 스타트업 N 기업에서 A 님이 입사 후 처음 내뱉은 말입니다. A 님은 직전에 재직한 회사가 5인 규모일 때부터 개발팀에서 홀로 시작해 누구나 알고 있는 기업이 될 때까지 그곳에서 많은 기여를 했습니다. 이에 A 님은 회사가 성장했을 때 여러 스톡옵션을 받았고, CTO로서 임원에 준하는 의사결정권까지 갖고 있었습니다. 그러나 "회사가 성장해가면서 개발팀의 업무가 점점 내가 생각하는 방향성과 맞지 않는 데에서 고민이 시작됐다"며 "업무 만족도가 점차 줄어들었다"라고 말했습니다. 결국 A 님은 이전 직장에서 받던 기존 연봉에서 8,000만 원을 깎고 스타트업 N 기업으로 이동한 것입니다.

A 님은 다음과 같은 말을 했습니다. "저는 돈은 충분합니다. 제가 가진 역량을 통해 의미 있는 일을 계속하고 싶어요. 저에게는 프로덕트가 성장하는 데 기여하고 있다는 의미가 중요합니다. 그래서 N 기업에 왔습니다. 제가 어디까지 성장시킬 수 있을지에 대한 방향성이 보이고, 목표한 단계까지 3년 이내에 가고 싶은 게 제 개인적인 목표입니다. 저는 한 명의 개발자로 그 부분이 가장 행복합니다." A님의 채용 과정에서 본 설렘과 기대에 찬 눈빛을 아직도 잊을 수 없습니다.

딜로이트 컨설팅그룹이 44개국 23,000명 이상의 MZ 세대를 조사한 2024 Gen Z and Millennial Survey의 결과에 따르면 전 세계적으로 Gen Z(86%)와 밀레니얼 세대(89%)의 10명 중 9명이 직장 생활을 유지하는 주요 요인으로 직장 만족도와 웰빙이라고 답했습니다. 같은 연구 결과에서 Gen Z의 50% 와 Millennials의 43%는 개인적 가치와 신념이 일치하지 않는다는 이유로 채용 제안이나 인사이동을 거부했습니다.[50]

연봉은 적어도 됩니다. 하지만 이것만은 안됩니다

월드 이코노믹스에 따르면 코로나 팬데믹 이후, 새로운 유형의 직원 특성이 발견되고 있습니다. 팬데믹 이후 60%의 직원들이 자신의 가치와 기업의 가치가 일치하는 곳에서 일하는 것을 추구합니다. 기업은 '신념 중심적'으로 변한 직원들을 위해 직원들이 자신의 동기를 찾을 수 있는 다양한 환경을 제공해야 합니다. 직원들은 이제 자신의 업무가 조직과 사회에 어떤 기여를 하고 있는지에 대한 의미를 중요하게 생각합니다. 이에 조직도 직원들의 가치에 몰입할 수 있는 시스템과 활동을 갖추어야 합니다.[51]

직장 생활을 하며 직원이 느낄 수 있는 가치는 두 가지가 있습니다. 조직 내에서 직원들에게 부여할 수 있는 가치인 조직 가치와 개인 가치입니다. 조직 가치는 조직의 비전과 목표를 설정해 직원들이 조직의 방향을 이해하고 즐겁게 행동할 수 있도록 돕는 역할을 합니다. 반면, 개인 가치는 직원들이 자신의 삶에 대한 가치를 인식하고, 이를 통해 업무에 더 큰 의미를 부여하는 것을 의미합니다. 개인의 가치가 높은 직원은 자신의 직무를 더 의미 있게 여기며, 조직에 대한 소속감과 직

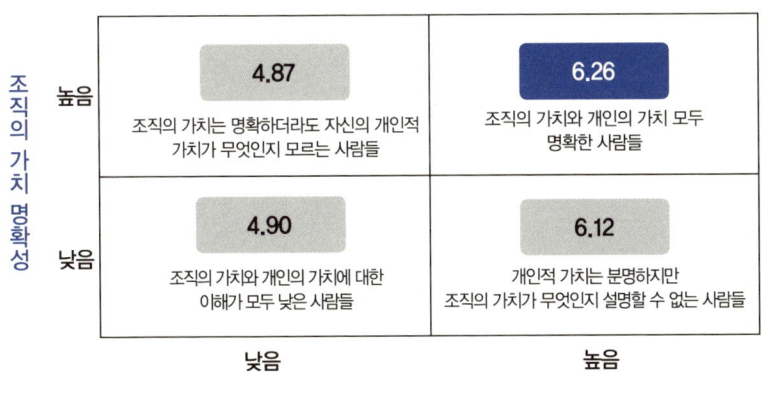

원들과의 유대관계를 더욱 높이게 됩니다.

수십 년에 걸쳐 전 세계적으로 수백만 명의 리더에게 영감을 끼친 책 『The Leader』에는 조직 가치와 개인 가치의 수준에 따른 조직에 대한 헌신도를 알아본 흥미로운 통계가 나와 있습니다. 통계에 따르면 조직 가치의 명확성과 개인 가치 명확성의 상관관계는 다음과 같습니다.

조직에 대한 헌신도가 가장 높은 그룹은 개인 가치와 조직 가치가 모두 명확한 사람들로, 이들의 헌신도 수치는 6.26으로 나타났습니다. 헌신도가 그다음으로 높은 그룹은 조직 가치는 명확하지 않지만 개인 가치가 명확한 사람들로, 헌신도는 6.12로 나타나 두 가치가 모두 명확한 사람들과 거의 비슷한 수준이었습니다. 이는 내적 동기가 외적 동기보다 더 중요하며, 개인의 내면 동기가 촉진적 성장 동기를 강화하는 데 큰 역할을 한다는 것을 보여줍니다.

반면, 개인 가치가 불명확한 사람은 조직 가치가 명확하더라도 헌신도가 낮았습니다. 개인 가치는 불명확하지만 조직 가치는 명확한 그룹의 헌신도는 4.87, 개인 가치와 조직 가치가 모두 불명확한 그룹은 4.9로 나타났습니다. 이를 통해 개인 가치와 내적 동기가 조직에 대한 일관된 헌신도를 유지하는 것에 핵심적인 요소임을 확인할 수 있습니다.

직원을 에너자이저로 만드는 CSMV

비전 정렬 파트에서 함께 살펴보았듯 조직 가치 명확성에 적용되는 가치체계에 CCMV가 있다면, 개인에게 적용되는 가치체계로는 CSMV가 있습니다. CSMV는 핵심가치(Core Value), 강점(Strength), 사명(Mission), 비전(Vision)의 각 항목에서 앞 글자를 따서 표현한 것입니다. 앞선 연구 결과와 같이 CSMV가 명확한 직원은 조직에 기여하고자 하는 헌신도와 업무 몰입도가 높습니다.

1. 핵심가치 (Core Value)

핵심가치는 개인이나 의사 결정의 기준으로 삼는 가장 중요한 믿음과 원칙을 말합니다. 개인의 행동과 선택은 이 핵심가치에 따라 좌우되며, 이는 개인의 정체성과도 밀접하게 연결되어 있습니다. 파타고니아의 직원들은 환경 보호라는 회사의 핵심가치에 따라 업무를 진행하며, 이는 직원들의 개인적인 가치관과도 일치합니다. 이를 통해 직원들은 자신이 하는 일이 단순히 제품을 판매하는 것을 넘어, 환경에 긍정적인 영향을 미친다고 느끼며 큰 자부심을 가지고 일합니다

2. 강점 (Strength)

강점은 개인이 문제를 해결하거나 성과를 내는 데 효과적인 방법을 말합니다. 강점은 학습이나 경험을 통해 발전할 수 있으며, 이를 통해 개인은 반복된 성과를 창출할 수 있습니다. 구글은 직원들이 자신의 강점을 발휘할 수 있는 환경을 제공합니다. 예를 들어, 직원들이 자신

의 강점을 발휘하고, 창의적인 방법으로 문제를 해결할 수 있도록 업무시간의 20%를 자신이 주도하는 프로젝트에 사용하도록 장려하고 있습니다. 이를 통해 구글은 많은 혁신적인 제품을 개발해왔습니다

3. 사명 (Mission)

사명은 '개인이 왜 살아가는지'와 관련한 근본적인 질문에 대한 답으로, 인생의 목적을 나타냅니다. 명확한 사명을 가진 사람은 삶의 목적과 의미를 더 잘 인식하며, 동기부여가 강해집니다. 사명은 조직 내에서도 개인과 회사의 비전을 연결하는 중요한 역할을 합니다. 세계자연기금(WWF)의 직원들은 환경 보호라는 사명을 가지고 자신의 일을 의미 있게 여기며, 이를 통해 자신의 삶에 의미와 만족을 느낍니다.

4. 비전 (Vision)

비전은 개인이 장기적으로 달성하고자 하는 목표를 의미합니다. 비전이 명확한 사람은 장기적인 목표에 대한 명확한 방향을 가지고 있으며, 이를 위해 단기적인 어려움을 극복하는 능력이 뛰어납니다. 테슬라의 창립자 일론 머스크는 전기차와 지속 가능한 에너지라는 비전을 가지고 회사를 운영하며, 이 비전은 테슬라의 성장과 혁신을 이끌었습니다. 일론 머스크의 비전은 직원들에게도 영감을 주었고, 이는 테슬라의 성공적인 사업 확장과 혁신에 중요한 기여를 했습니다.

CSMV를 한눈에 보이게 하는 개인 비전하우스

개인비전하우스(CSMV)는 개인의 가치체계인 핵심가치(Core Value), 강점(Strength), 사명(Mission), 비전(Vision)이 한눈에 보이도록 돕는 개념입니다. 아래 질문들을 통해 조직의 CCMV와 직원의 CSMV가 얼마나 일치하는지, 개별 직원들이 어떤 동기를 통해 움직이는지 확인하고 의미를 느낄 환경을 제공할 수 있습니다.

핵심가치

- 내가 무엇인가를 결정해야 할 중요한 순간에 가장 먼저 고려하는 것은 무엇입니까?
- 과거의 내 행동이나 결정은 어떤 가치를 근거로 판단했습니까?
- 내가 가장 자랑스럽게 생각하는 순간은 어떤 가치에 따라 행동했을 때입니까?
- 꼭 지켜야만 하는 원칙은 무엇이고, 그 이유는 무엇입니까?

강점

- 나는 어떤 상황에서 문제를 해결하거나 성과를 냈을 때 가장 자신감을 느낍니까?
- 주변 사람들이 나에게 반복적으로 칭찬하는 능력이나 특성은 무엇입니까?
- 나는 쉽게 수행할 수 있으나, 다른 사람들이 어렵게 느끼는 일은 무엇입니까?

- 나는 어떤 일을 할 때 몰입합니까?

사명
- 내가 살아가는 삶의 목적은 무엇입니까?
- 내가 가장 만족감을 느끼는 순간은 언제이며, 그 순간의 공통점은 무엇입니까?
- 내가 남긴 성과나 기여가 후대에 어떤 영향을 미치기를 원합니까?
- 내가 진정으로 중요하게 생각하는 삶의 목적은 무엇입니까?

비전
- 앞으로 5년 또는 10년 후에 어떤 모습으로 성장해 있기를 바랍니까?
- 내가 최종적으로 이루고 싶은 인생의 목표는 무엇입니까?
- 지금 하는 일이 나를 어디로, 어떻게 이끌 것 같습니까?
- 현재 하는 일과 선택이 나의 미래에 어떤 영향을 줄 것이라 생각합니까?

위 질문들을 통해 개인이 자신의 가치와 목표를 명확히 인식하고, 조직 내에서 의미 있는 성장을 이끌어낼 수 있도록 도울 수 있습니다. 개별적 성과 관리의 흐름 속에서 개인 비전하우스를 통해 직원의 가치체계를 정리하고, 의미를 찾을 수 있는 업무환경을 조성해준다면 직원들은 더욱 업무에 책임감을 갖고 몰입하여 성과를 낼 것입니다.

―― Ch3 ――

일터를
놀이터로 만드는 방법

뜨거운 감자, 흡연 타임 안에 숨겨진 본질

게임회사 N 기업은 최근 직원들이 근무 시간 중 흡연이나 커피로 자리를 비우는 것이 공평하지 않다는 인식을 반영해, 새로운 정책을 도입했습니다. '코어 타임 제도'를 통해, 오전 10시부터 오후 4시까지 필수 근무 시간을 설정하고, 해당 시간에 자리를 비우는 경우 업무 시간을 덜 채운 것으로 간주되며, 필요 시 리더에게 소명을 해야 하는 규정을 발표한 것입니다. 이러한 조치는 다양한 반응을 불러일으키며 사적 시간 사용과 업무 몰입의 균형에 대한 논쟁에 불씨를 일으켰습니다.

한국경영자총협회의 2024년 조사에 따르면, 국내 주요 대기업 근로자들은 하루 8시간 근무 중 1시간 20분 정도를 개인적인 용도로 사용하고 있으며, 이로 인해 업무 몰입도가 저하된다고 합니다. 사무직 근로자의 업무 몰입도는 평균 82.7점으로, 근무시간의 약 17%가 사적 활동에 사용되고 있다는 결과가 나왔습니다. 또한, 성과관리 시스템이 잘 구축된 기업일수록 직원들의 업무 몰입도가 높다는 점을 강조하면서, 직원들에게 제공되는 시스템의 중요성을 부각했습니다.[52]

이와 같은 사례는 직원들이 일에 몰입하며 즐거움을 느낄 수 있도록 개인적 독려를 넘어 전사적 차원에서 환경과 제도를 구축하는 것이 얼마나 중요한지를 보여줍니다. 특히, 기업은 단순한 규제나 제한을 넘어 EVP(Employee Value Proposition)를 통해 직원들이 일하는 과정에서 즐거움을 느끼고, 그 결과 성과를 극대화할 수 있는 환경을 제공해야 할 필요가 있습니다. EVP(Employee Value Proposition)는 '기업이 직원들에게 제공하는 가치 제안'을 의미하며, 재정적 보상뿐 아니라 기업문화, 성장 기회, 일과 삶의 균형 등을 포함한 비재정적 혜택의 총합을 나타냅니다. 업무 몰입도가 성과와 직결된다는 사실을 고려할 때, 직원들이 몰입할 수 있는 동기와 환경을 제공하는 것은 기업의 성과를 이끄는 핵심 요소입니다.

대부분의 기업들이 놓치고 있는 보상의 절반

기업이 직원들에게 줄 수 있는 보상에는 외재적 보상과 내재적 보상이 있습니다. 외재적 보상은 직접 보상과 간접 보상으로 나뉩니다. 직접 보상은 연봉, 성과급, 인센티브, 스톡옵션과 같은 금전적 혜택을 의미합니다. 간접 보상은 복리후생, 교육 기회, 자기 계발 지원, 승진 등과 같은 비금전적 보상입니다. 한편, 내재적 보상은 직원들이 업무 자체에서 느끼는 보상과 근무 환경에서 얻는 만족감으로 분류할 수 있습니다. 예를 들어, 자율성과 도전, 성취감을 느낄 수 있는 직무 자체가 내재적 보상이 될 수 있고, 좋은 동료, 유연한 근무 시간, 쾌적한 근무 환경 등도 직원들의 만족도를 높이는 중요한 요인입니다. 많은 기업이 외재적 보상에만 집중하지만, 내재적 보상 역시 직원들이 회사에서 즐거움과 만족감을 느끼는 데 중요한 역할을 합니다. 직원들이 더 깊이 몰입하고 자발적인 책임감을 가질 수 있도록, 기업은 외재적 보상과 내재적 보상을 균형 있게 제공해야 합니다.

공덕에 위치한 M 기업은 매주 목요일 재택근무를 통해 출퇴근 거리가 먼 구성원들에게 매력적인 내재적 보상을 제공합니다. 또한 간접보상으로는 한 달에 한 번 MVP를 선발해 5성급 호텔 2인 숙박권을 선물합니다. 직접보상 측면에서는 목표치를 초과 달성할 때마다 집단 성과급을 부여하며, 빠르게 성과 낸 인원의 경우 6개월마다 연봉 재계약 미팅을 진행하고 있습니다. 이런 입체적인 보상들은 직원들이 즐거움을 느끼며 일하도록 설계할 수 있는 요소입니다.

우리 조직 보상 한판 정리! EVP

EVP는 직원들이 조직에서 경험하고, 받게 되는 모든 것들의 집합으로, 직원들이 일하는 과정에서 즐거움을 느끼고 몰입할 수 있도록 돕는 중요한 역할을 합니다. 이는 직원들이 회사에 대한 자부심을 갖게 하고, 더 높은 동기부여를 느끼게 하기에 결과적으로 업무 효능감으로 이어집니다.

EVP는 크게 네 가지로 나눌 수 있습니다. 적합하고 공정한 보상, 기업문화, 배우고 성장할 기회, 좋은 인간관계입니다. 강력한 EVP는 기업이 우수한 인재를 유치하고 유지하는 데 핵심적인 요소로 작용합니다. 직원들은 단순한 보상뿐만 아니라 배우고 성장할 기회, 좋은 인간관계와 조직 문화 등에서 가치를 느끼며, 이러한 요소들이 잘 설계된 기업일수록 몰입도와 만족도가 높아집니다. 더 나아가, EVP는 외부적으로 기업의 브랜드 이미지와 직결되며, 긍정적인 EVP를 가진 기업은 긍정적인 회사 이미지를 구축하고, 이를 통해 시장에서의 경쟁력을 높일 수 있습니다. 결국, 기업이 EVP를 통해 직원 경험을 잘 설계하고 관리할수록, 조직 내외적으로 더 큰 성공을 거두게 됩니다.

EVP는 단순히 보상이나 복지에 그치지 않고, 직원들이 조직에서 성장, 안정성, 의미 있는 목표를 느낄 수 있도록 설계된 가치 체계입니다. 이러한 체계가 잘 구성된 기업은 직원들이 회사와 자신의 목표가 일치한다는 느낌을 받기 때문에 업무 몰입도가 크게 향상되며, 그 결과 일 자체에서 누리는 즐거움과 만족감이 향상됩니다.

2023년 가트너(Gatner)의 조사 결과에 따르면, EVP(직원 가치 제안)를 제공하지 못하는 기업은 중요한 인재를 유치하는 데 큰 어려움을 겪습니다. 지원자의 65%가 매력적이지 않은 EVP로 인해 채용 과정을 중단했습니다. 반대로 잘 설계된 EVP를 제공하는 기업은 채용 비용을

50% 줄일 수 있고, 조직의 인재 유치율을 50% 높일 수 있습니다. 또한, EVP를 효과적으로 전달하는 기업은 연간 직원 이직률이 69% 낮아지고 신규 입사자들의 헌신도를 29% 증가시킬 수 있습니다. EVP가 매력적일 때 직원들은 회사가 제공하는 가치와 혜택을 명확히 이해하게 됩니다. 이는 더 높은 충성도와 장기 근속으로 이어지며, 조직의 성과에도 긍정적인 영향을 미칩니다.[53]

정답은 우리 안에 있다!

서울 강서구에 위치한 프리미엄 휴대폰 액세서리를 만드는 D 기업에는 서로 칭찬하는 문화가 있었습니다. 구성원들끼리 편지를 주고받는 모습을 본 경영자는 감사와 칭찬을 전하는 카드를 넣는 우체통을 만들었습니다. 이 카드를 넣으면 '감칭지기(감사와 칭찬을 전하는 담당자)'가 카드를 해당 인원에게 직접 배달해줍니다. 감칭카드(감사와 칭찬을 전하는 카드)를 받은 사람을 모두가 함께 축하하는 이 문화는 D 기업만의 따뜻한 문화로 자리 잡고 있습니다.

건강식품을 제조하는 J 기업은 '대한민국 브랜드 대상', '환경대상 본상', '지속 가능 혁신리더 대상' 등 다양한 분야에서 많은 상을 수상했습니다. J 기업은 자사 수상 내역을 채용공고와 소개 팸플릿, 사내의 가장 잘 보이는 곳에 위치시켜 구성원들이 함께 달성한 J 기업의 자랑스러운 핵심 역량을 강조하고 있습니다.

강남에 위치한 N 기업은 회사명을 따 만든 'N데이'를 통해 매월 마지막 주 수요일마다 직원들이 함께 아웃팅(밖에서의 활동)을 나갑니다. 자원한 멤버들로 꾸려진 컬처 팀이 매월 콘텐츠를 고민하며 어떻게 하면 직원들이 더 즐겁게 일할 수 있는 환경을 만들 수 있을지 끊임없이 고민합니다. 한강에서의 피크닉, 수제 제작 향수 만들기, 서로에게 편지 쓰기, 인생그래프 나누기 등의 활동을 통해 그들만의 즐거운 스토리를 쌓아가고 있습니다.

정답은 우리 안에 있습니다. 아래 16가지 질문들을 통해 우리 조직이 가진 EVP를 도출하고 작성하십시오.

적합하고 공정한 보상

- 우리가 주는 보상은 얼마나 다양합니까?
- 우리만의 독특한 승진 / 포상 제도가 있습니까?
- 우리는 다각도로 서로를 피드백합니까?
- 리더에게 인정받는 다양한 보상이 있습니까?

기업문화

- 직원들이 자신의 친구에게 말하는 좋은 문화가 있습니까?
- 즐거움을 주는 문화, 제도는 무엇입니까?
- 우리는 어떻게 사회에 공헌하고 있습니까?
- 우리만의 독특한 행사가 있습니까?

배우고 성장할 기회

- 우리 회사는 직원의 성장을 어떻게 지원하고 있습니까?

- 직원들이 개별적으로 학습하고 성장할 기회를 제공할 수 있습니까?
- 교육 프로그램이나 멘토링 시스템이 운영되고 있습니까?
- 직원들의 성장 로드맵을 어떻게 제공하고 있습니까?

좋은 인간관계

- 동아리, 목장 등의 사내 공동체 시스템을 운영합니까?
- 직원들이 기대하는 정기적인 활동이 있습니까?
- 직원들이 인간적으로 알아갈 수 있는 활동들이 있습니까?
- 직원들의 지인들이 우리회사를 직/간접적으로 경험할 수 있습니까?

위의 질문들에 답하다 보면, 우리 조직이 제공할 수 있는 직원경험을 잘 정리할 수 있을 것입니다. 이를 통해 우리 기업을 일터를 넘어 직원들의 다양한 동기를 충족시켜주며 업무 효능감을 느끼게 하는 놀이터로 만드시기 바랍니다.

── Ch4 ──

이곳에서 넌
달나라도 갈 수 있어!

뛰어난 인재들이 추구하는 한 가지

역삼의 불이 꺼지지 않는 한 건물에 위치한 '슬립 테크 앱'을 개발 중인 유망한 스타트업 M 기업은 외형상 빠른 성장으로 남들의 부러움을 사고 있었으나, 남모를 고민이 있었습니다. "어떻게 해야 구성원들에게 일하기 좋은 환경을 만들어 줄 수 있을까?" 경영자가 이러한 고민을 하게 된 계기는 '더 이상 연봉만으로 뛰어난 인재들을 붙잡을 수 없다'라는 결론에 도달했기 때문입니다. 사업이 확대되고 여러 국가에 서비스를 확장하게 됨에 따라 더 많은 인재들이 유입될 예정이었습니다. 신규 입사자들이 오기 전에 원팀으로 협업하는 분위기를 형성할 수 있을지 고민했습니다. 결국 우리 조직에서 함께 일하는 각 구성원의 '성장'에 초점을 맞추기로 했습니다.

내부 구성원들에게도, 앞으로 들어올 구성원들에게도 모두 '몰입하며 성장할 수 있는 조직'이라는 것을 느끼게 해 주기 위한 시스템이 필요한 상황이었습니다. M 기업의 경영자는 개인의 성장부터 전사적 성장까지 '성장'이라는 키워드를 정리했습니다. 업무 시 구성원들에게 제공하는 자율성, 프로덕트의 성장 방향성과 그에 따른 직무별 성장 방향성, 전사적으로 성장하고 있는 속도와 비전 로드맵을 잘 정리했습니다. 정리된 내용들을 채용, 리크루팅 사이트에도 업로드했습니다. 이후 경쟁력 있는 구성원들의 지원이 많아지면서 조직은 더욱 경쟁력을 갖출 수 있었습니다. 구성원들의 업무 만족도에 대한 의견을 조사한 결과도 최고점이 나오면서 성장 지향형 조직에 대한 확신이 더 높아졌습니다.

한국에서 만족할 만한 성공을 거둔 M 기업은, 이제 해외 진출을 준비하고 있습니다. 여러 경쟁력 있는 지원자들이 앞다퉈 대거 합류함으로써 기존에 비해 2배가 넘는 인원이 함께하게 되었음에도 불구하고 원팀으로 똘똘 뭉쳐 비전을 향해 달려가고 있습니다.

성장에 갈증을 느끼는 구성원들

2022년 하버드 비즈니스 리뷰 기사에 따르면, 전문가의 86%가 새로운 회사가 전문적 개발에 대한 더 많은 기회를 제공한다면 직장을 바꿀 것이라고 말했습니다. 이는 직원, 특히 밀레니얼 세대와 Z세대에게 경력 성장이 얼마나 중요한지를 보여줍니다. 이들은 현재 역할에서 성장할 수 없다고 느낄 경우 더 나은 기회를 찾을 가능성이 더 높습니다.[54]

마찬가지로, Microsoft의 2022년 연구에 따르면 직원의 76%가 학습 및 개발 지원을 제공하면 회사에 더 오래 머물겠다고 밝혔습니다. 그러나 직원의 56%와 비즈니스 의사 결정권자의 68%는 회사가 장기적으로 머물고 싶어 할 만큼 충분한 성장 기회를 제공하지 않는다고 생각합니다.[55]

LinkedIn의 2024년 최신 직장 학습 보고서에서도 학습 기회 제공이 직원 유지율을 개선하기 위한 최고의 전략이라고 강조하면서, 직원의 참여와 헌신을 유지하기 위해서는 전문적인 개발을 지원하는 것이 매우 중요하다는 점을 언급했습니다.[56]

구성원들은 자신의 성장과 발전에 대한 강한 욕구를 가지고 있으며, 이를 충족시켜주는 환경과 시스템을 제공하는 회사에 더 오래 머무르고, 더 높은 성과를 창출합니다. 조직은 이러한 성장을 지원함으로써 직원들의 만족도를 높이고, 장기적으로는 조직의 성과를 극대화할 수 있는 중요한 기회를 마련할 수 있습니다.

커리어의 사다리를 만들어주자!

CDP(Career Development Plan)는 직원들이 회사와 함께 성장하고 경력 개발할 수 있도록 회사가 제공하는 체계적 로드맵입니다. 이를 통해 직원은 자신의 장기적 목표를 달성하고, 회사는 직원의 역량을 극대화하여 성과를 달성할 수 있습니다. CDP는 직원들이 자신의 커리어를 계속 성장시킬 수 있도록 돕는 중요한 도구입니다.

갤럽(Gallup)의 조사 결과에 따르면, 밀레니얼 세대는 일자리를 찾을 때 경력 개발을 매우 중요하게 생각합니다. 87%의 밀레니얼 세대가 자신의 업무에서 '전문적 또는 경력 성장 및 개발 기회'를 중요하다고 평가했습니다. 이에 대해서는 밀레니얼 세대가 아닌 세대들도 69%의 수치로 응답했습니다. 이러한 통계는 조직이 직원들에게 경력 개발 기회를 제공할 때 직원들의 참여를 증진시키고, 성과를 극대화한다는 사실을 강조하고 있습니다.[57]

"이랜드는 직원들에게 다양하고 수준 높은 교육의 기회를 제공하고 더불어 3x5 CDP 제도를 통해 청년 글로벌 CEO를 배출해 내고 있습니다." 3x5 CDP는 사원에서 임원까지 3년마다 승진하여 15년 후에는 임원으로 성장시키겠다는 이랜드 그룹의 차별화된 경력 개발 및 인력 관리 시스템입니다.

수원에 위치하고 있는 왕갈비 통닭으로 유명한 N 기업은 직원들에게 독특한 커리어 로드맵을 제공합니다. 이 회사는 맥도날드나 버거킹보다 빠르게 점장으로 승진할 수 있는 시스템을 갖추고 있으며, 아르바이트로 시작해도 임원까지 성장할 수 있는 기회를 제공합니다. 특히, 20대에 점주가 될 수 있는 가능성을 제시하며 직원들의 경력 성장을 적극 지원합니다. 또한, 직무 변동은 매니저와 점주 때 두 번만 가능하도록 제한해 잦은 변동을 방지함으로써, 직원들이 자신의 성장 가능성을 명확히 예측할 수 있도록 돕고 있습니다.

스타벅스는 직원들에게 '파트너'라는 용어를 사용하며, 직원들의 경력 개발을 지원하는 다양한 프로그램을 운영하고 있습니다. 또한 스타벅스는 애리조나 주립대학교(ASU)와 협력하여 직원들이 온라인 학사 학위를 무료로 취득할 수 있도록 돕습니다. 이외에도 리더십 훈련과 스킬 개발 프로그램을 제공하여 매장 관리자로 성장하거나 스타벅스 내 다양한 직무에서 커리어를 확장할 수 있는 기회를 제공합니다. 스타벅스는 직원들의 성장과 발전을 중시하며, 이를 통해 회사와 직원 모두에게 이익이 되는 장기적인 경력 개발을 장려하고 있습니다.

이러한 회사들은 구조화된 경력 개발 접근 방식 및 장기적인 직원 성장을 강조합니다. 그들의 프로그램에는 직원이 커리어의 경로를 구축하는 데 도움이 되는 다양한 학습 기회, 멘토십 및 전문 개발 리소스가 포함됩니다.

직원들의 커리어 로드맵, 한 판 정리

이런 배경에서 비전 프로필은 직원들의 CDP(Career Development Plan) 개발에 효과적인 도구가 될 수 있습니다. 비전 프로필은 직업가치(Big 5), 인생 목표(Big 5), 회사 목표(Big 5)의 세 가지로 구성되어 있으며, 직원들이 직장 내에서 자신의 경력과 인생 목표를 설정하는 데 도움을 줍니다.

  문정에 위치한 A 기업은 직원들의 비전 프로필을 사무실에 게시해 둡니다. 그리고 리더와 미팅을 할 때 비전에 대한 지원요청을 합니다. 또한 한 해를 마무리하는 송년회 때 해당 비전 프로필과 관련한 성취를 나누고 매년 비전에 가까워지는 스스로를 돌아보는 시간을 갖습니다. 이는 직원들의 업무 효능감을 극대화하는 요소로 '회사의 성장이 나의 성장이다'라는 가치를 전달할 수 있습니다.

  매년 구성원들이 비전 프로필을 작성하고, 이를 기반으로 리더와 1:1 미팅을 진행하는 방식으로 직원의 성장 로드맵을 효율적으로 제시해 줄 수 있습니다. 이를 통해 직원은 스스로의 목표와 조직의 목표를 연결해 경력을 개발할 수 있으며, 회사는 직원의 강점을 찾아 고객 가치 창출에 기여하는 환경을 만드는 데 참고할 수 있습니다. [부록5. 비전 프로필 참고]

Ch5

왕관을 쓰려는 자에게 자율과 책임을

우리는 자율성과 책임이 가장 중요합니다

금융 업계의 유니콘 기업인 토스가 자사 홈페이지에서 문화를 소개할 때 하는 말입니다. 토스는 자율과 책임을 핵심 가치로 강조하는 문화를 구축하고 있습니다. 새로운 직원을 채용할 때 자율적으로 일하는 문화를 강조하며 '자신의 위치에서 최적의 의사결정과 최고 수준의 실행을 독립적으로 수행하는 것'이 중요하다고 설명합니다. 여기서 자율적으로 일한다는 것은 단순히 자유롭게 일하는 것을 넘어, '각자가 책임감을 가지고 독립적으로 최선의 결정을 내리며, 그 결정을 기반으로 탁월한 실행을 수행하는 것'을 의미합니다. 이와 같은 문화는 조직 내에서 모든 구성원이 본인의 일에 책임을 지고, 팀 전체의 성과에 기여할 수 있는 토대를 제공합니다. 이러한 자율과 책임의 조화를 통해 토스는 빠르게 성장하며, 금융 업계에서 혁신을 이어가고 있습니다.

전 세계적으로 유명한 구글은 개인의 책임을 강조하는 문화를 통해 책임 경영을 실현하고 있습니다. 구글은 프로젝트마다 명확한 책임자를 지정하여, 각 프로젝트의 성공과 실패에 대한 책임을 명확히 합니다. 이러한 구글의 성과관리 시스템은 각 개인이 맡은 역할에 대해 명확한 책임을 지게 하고, 프로젝트의 의사결정 과정에서 신속성과 투명성을 보장하는 데 도움을 줍니다. 이를 통해 팀 구성원들은 자신의 영역에서 독립적으로 의사결정을 내리고, 그에 따른 결과에 대해 책임을 집니다. 이런 시스템은 조직이 혁신적이고 빠르게 움직일 수 있는 원동력이 되어, 조직 전체의 생산성과 효율성을 극대화하는 데 기여하고 있습니다.

직원에게 신뢰를 기반으로 한 자율성과 책임감을 부여하면 생산성이 향상될 뿐만 아니라 직무 만족도와 전반적인 웰빙도 향상됩니다. 2017년 하버드 비즈니스 리뷰에 기재된 연구에 따르면 자율성과 책임감이 강조되는 신뢰도가 높은 환경에서 근무하는 직원은 신뢰도가 낮은 조직에서 근무하는 직원보다 생산성이 50% 높고 참여도는 76% 더 높다고 합니다. 또한 이러한 환경에서 근무하는 직원은 삶의 만족도가 29% 더 높고 번 아웃이 40% 더 낮아 직원에게 업무와 의사 결정에 대한 통제권을 부여하는 것의 이점이 강조됩니다. 또한 직원들에게 스스로 결정을 내리고 독립적으로 행동할 수 있는 자유를 제공함으로써 생산성을 12% 향상시킬 수 있습니다.[58]

뿐만 아니라 조직 역동성 진단 결과에 따르면, 구성원들이 업무의 중요성과 성과에 대해 더 큰 책임감을 느낄수록 개인의 업무 효능감이 증가한다는 결과가 도출되었습니다. 구성원들은 자율성과 신뢰를 기반으로 부여받은 역할을 통해 책임감을 더욱 크게 느끼게 되며, 이는 개인이 일을 수행하면서 느끼는 만족도와 직결됩니다. 이러한 과정에서 구성원들은 자신이 맡은 프로젝트의 진척 상황을 파악하고, 문제 해결 능력을 발견하는 기회를 갖게 됩니다. 따라서, 업무의 중요성과 그에 따른 책임감을 인식하는 정도에 따라 구성원들은 스스로 업무를 주체적으로 관리하고, 조직 내에서 더 높은 성과를 낼 수 있는 환경이 마련됩니다.

모든 책임은 개인에게 있다! DRI

DRI(Directly Responsible Individual)는 '최종 의사 결정권자'라는 의미로, 프로젝트나 특정 작업에서 명확하게 책임을 맡는 개인을 지칭합니다. 이 개념은 실리콘밸리에서 출발하였는데, 프로젝트 관리의 명확성을 높이고 의사결정 과정을 간소화하기 위한 목적으로 도입되었습니다. DRI는 팀 내에서 누구에게나 책임을 물을 수 있는 체계를 구축하기 위한 개념으로, 이는 혼란을 방지하고 명확한 책임 분담을 통해 효율성을 극대화하는 데 그 목적이 있습니다. 구글과 애플 같은 주요 기업들이 DRI 시스템을 도입하면서 이 개념은 널리 확산되었습니다. DRI는 자율성을 존중하면서도 책임을 명확히 하여, 각 구성원이 자신의 역할을 명확하게 이해하고 수행할 수 있는 구조를 제공합니다.

베스트셀러 작가이자 경영 컨설턴트인 다니엘 핑크(Daniel Pink)가 강조하는 자율성도 이와 유사한 맥락에서 설명됩니다. 핑크는 직원들을 동기부여할 수 있는 세 가지 핵심 요소로 Autonomy(자율성), Mastery(능숙성), Purpose(목적성)를 강조했습니다. 핑크는 그중에서도 자율성을 강조하며, "사람들에게는 삶의 지위를 스스로 지휘하고자 하는 욕망이 있기 때문에 자율성이 필수적이다"라고 주장합니다. 자율성은 직원들이 독립적으로 의사결정을 내릴 수 있도록 직원들을 신뢰하고 권한을 위임하는 것입니다. 이는 DRI 개념에서 말하는 책임과도 깊이 연결됩니다. 즉, 자율성은 단순히 자유롭게 일하는 것이 아니라, 자신이 내린 결정에 대해 책임을 지고 최선을 다해 실행함으로써 진정한 동기부여가 발생한다는 점에서, 자율성과 책임, 이 두 개념은 같은 맥락을 공유합니다.

기업에서 DRI(Directly Responsible Individual) 시스템을 도입한다면 두 가지 긍정적인 효과를 기대할 수 있습니다. 첫 번째는, 시간 절약입니다. 어떠한 일을 결정했을 때 이것을 이해관계자에게 보고하거나 회의하는 절차를 생략하고 모든 일의 과정과 결정을 DRI에게 맡겼더니 조직의 일 처리가 빨라질 수밖에 없었습니다. 토스의 각 프로젝트에는 DRI의 이름이 명확하게 적혀있기 때문에 문제나 질문이 생겼을 때 누구에게 연락해야 하는지 명확하게 알 수 있었습니다. 회사에서 팀원들 간의 소통이 많은 만큼 DRI의 도입은 시간을 많이 절약하는 데 도움이 되었습니다. 두 번째로 일의 효율성 증가입니다. 조직의 규모가 커지면 모든 이가 서로의 프로젝트를 알고 있을 수는 없습니다. 그래서 DRI는 특정한 분야에서 가장 전문성을 가진 사람이 권한을 갖습니다. 예를 들어 제품 디자인에 대한 DRI는 디자이너가, 개발에 관한 DRI는 개발자가 권한을 갖습니다. 이렇게 프로젝트마다 가장 많은 전문성을 가진 사람이 DRI를 맡으며 조직은 많은 상황에서 가장 합리적인 선택을 할 수 있습니다.

매니저가 곧 리더입니다.

삼성역에 위치한 N 기업은 대부분의 의사결정에 이사가 관여하였습니다. 경영자가 외부 일정으로 바쁘실 때는 이사가 대신 최종 의사결정을 하는 일도 있었습니다. 그러다 보니 업무의 보고 절차는 많아지고, 의사결정이 빨리 이루어지지 않아 개발은 점점 지연되고, 고객이 원하는 상품을 내지 못하는 상황이 발생했습니다. 반복되는 상황에 팀장들은 '이사님이 어차피 바꾸실 텐데…'라는 생각을 가지게 되었습니다. 결국 팀장들은 자체적으로 의사결정을 하는 데 어려움을 겪었고, 이러한 일이 반복될수록 팀장에 대한 팀원들의 신뢰도 떨어졌습니다. 점점 더 느린 조직이 되어가고 있습니다.

결국 경영자는 이러한 사실을 확인한 후 DRI를 도입했습니다. 이사가 가지고 있던 최종 의사결정권을 나누었습니다. 이사와 현재 상황을 논의한 후 기획팀의 DRI는 본부장에게, 개발팀의 DRI는 수석 개발자에게 넘겼습니다. 이후 각 팀에서 빠른 의사결정과 진행이 이루어졌고, 기존에 늦어졌던 프로젝트의 마감기한들이 제시간에 마무리되기 시작했습니다. 현재 이 기업은 생성형 AI와 관련된 다양한 서비스를 성공적으로 선보이며 글로벌 시장에서 고객의 만족을 이끌어내고 있습니다.

자율과 책임을 강조하는 기업 문화 DRI를 성공적으로 도입한 기업들은 자율과 책임을 핵심 가치로 삼고, 직원들을 신뢰합니다. DRI 체계에서는 프로젝트의 책임자에게 의사결정의 자율성을 주고, 그 결정에 대한 책임을 명확히 규정하여 직원들이 독립적으로 일할 수 있도록 합니다. 이를 통해 각 구성원은 자신이 맡은 일에 대해 주도적으로 의사결정을 내리고, 그 결과에 책임을 지는 문화를 경험하게 됩니다. 이러한 자율과 책임은 조직의 효율성을 높이고, 빠른 의사결정과 책임 분담을 통해 성과를 극대화하는 데 중요한 역할을 합니다.

넷플릭스는 직원들에게 자율과 책임을 부여하는 문화를 통해 혁신적인 성장을 이뤄낸 대표적인 기업입니다. 넷플릭스는 직원들이 독립적으로 업무를 처리할 수 있도록 권한을 위임하고, 회사의 목표와 일치하는 방향으로 자유롭게 의사결정을 내리도록 장려합니다. 동시에, 각 직원은 그 결과에 대한 책임을 명확히 집니다. 이러한 문화는 특히 '책임 있는 자유'라는 개념으로 구체화되며, 넷플릭스는 엄격한 규정보다는 직원들이 스스로의 판단과 책임 하에 업무를 진행할 수 있도록 신뢰를 부여합니다. 이로 인해 넷플릭스는 창의적인 아이디어가 빠르게 실행되고, 직원들이 성과에 대한 강한 동기부여를 느끼며 일하는 환경을 조성했습니다.

애플은 자율과 책임을 성공적으로 적용한 대표적인 기업으로, 각 프로젝트에서 DRI를 명확하게 지정하여 의사결정의 주체를 명확히 하고 있습니다. 애플은 특정 프로젝트나 제품을 개발할 때 단 한 명의 이름만 명시했습니다. 가장 높은 전문성을 가진 인물이 DRI를 맡도록 하여, 그가 자율적으로 의사결정을 내릴 수 있도록 지원합니다. 동시에, DRI를 맡은 책임자는 그 결정과 결과에 대해 책임을 집니다. 이러한 구조는 애플의 빠른 제품 개발 사이클과 혁신적인 성과를 이끄는 원동력으로 작용했으며, 각 팀원이 스스로의 역할에 대한 책임감을 가지고 자율적으로 일할 수 있는 문화를 정착시키는 데 중요한 역할을 했습니다.

우리 조직에 DRI 도입하기

앞서 소개한 N 기업의 경영자는 DRI를 최대한 효과적으로 활용하기 위해 기업 문화를 3가지 핵심 요소로 정리했습니다. 첫째, 빠른 실행입니다. OKR을 적용한 이 기업은 애자일을 최우선 가치로 삼았습니다. 고객에게 빠른 서비스를 출시해 VOC를 받는 것을 가장 중요하게 여기며, 그 과정에 충실했을 때 교훈이 나온다는 문화를 만들었습니다. 둘째, 신뢰입니다. N 기업에서는 DRI가 내린 결정에 경영자를 포함한 모든 팀원이 100% 신뢰하도록 노력했습니다. DRI가 책임을 맡으면 그 결정은 팀의 반대가 있더라도 받아들여집니다. 경영자도 DRI에게 모든 책임을 맡기고 권한을 위임하는 문화를 주도적으로 유지하며, DRI에 대한 신뢰를 강조했습니다. 셋째, 수평적인 문화입니다. N 기업에서는 직위나 나이에 상관없이 서로를 'OO 님'이라고 부

책임감과 업무효능감의 상관관계

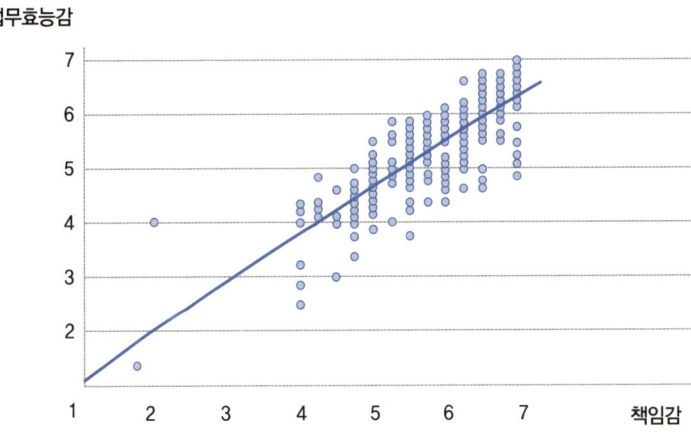

르고, '직위' 대신 '역할'이라는 개념을 사용하여 모든 직원이 자신이 중요한 역할을 하고 있다고 느끼도록 합니다. 이를 통해 직원들은 직급에 얽매이지 않고 자신의 역량을 발휘하며 DRI로 성장할 수 있는 기회를 얻습니다.

이러한 문화적 요소들은 DRI 시스템이 성공적으로 운영될 수 있는 기반을 마련해 주고, N 기업의 성장과 성과에 중요한 역할을 하고 있습니다.

조직역동성 개념에 기반을 둔 업무효능감에 대한 설문조사 결과를 보았을 때, 주어진 역할과 책임을 명확히 인식하는 실무자들은 그렇지 않은 구성원들에 비해 업무효능감이 높다는 결과가 도출되었습니다.

이는 업무에 대한 책임감이 높을수록 업무 자체에서 느끼는 효능감이 상승한다는 것을 의미합니다. 따라서 DRI와 같은 여러 방법을 활용해 실무자들이 자신의 역할에 대한 인식과 업무에 대한 책임감을 통해 일 자체에서 느끼는 즐거움을 맛보게 하는 시스템이 필요합니다.

조직역동성,
시작이 반이다

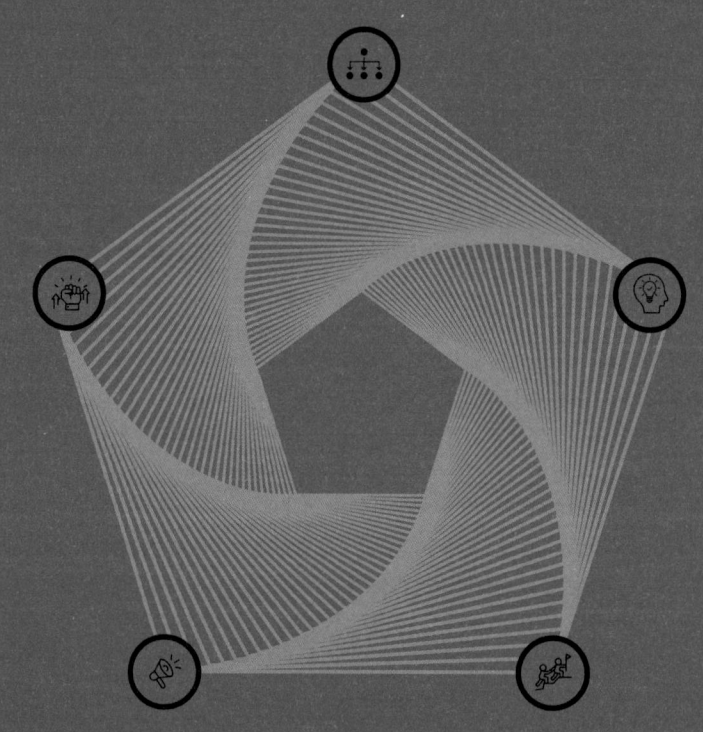

Organizational Dynamics

Ch1. 우리 조직 맞춤 처방전, 진단에서 시작된다

Ch2. 역동적 조직을 만드는 한 걸음의 힘

Ch3. 결국엔 다 변화관리다

―― Ch1 ――

우리 조직 맞춤 처방전, 진단에서 시작된다

정확한 진단으로 최우선 실행을 계획하세요

조직의 변화를 이끌어 내기 위해선 먼저, 조직의 현재 상태를 정확하게 파악하는 것이 필수적입니다. 제대로 된 진단 없이는 치료가 불가능하듯이, 조직 역시 문제를 직시하고 분석하는 것이 중요합니다. 이때 중요한 것은 '진단도구'를 사용하는 것입니다.

일상적인 감각에만 의존해 조직의 문제를 파악하려 한다면, 놓치는 부분이 많습니다. 가인지컨설팅그룹의 진단 도구는 객관적인 데이터와 피드백을 바탕으로, 조직 내의 역동성을 측정하고 이를 분석할 수 있는 강력한 방법입니다. 특히 조직 내 비전 정렬, 혁신 행동, 지원적 리더십, 심리적 안전감, 업무 효능감의 다섯 가지 변인에 대해 정밀하게 진단할 수 있습니다. 예를 들어, 직원들이 얼마나 회사의 비전과 목표에 동의하고 있는지, 어느 정도로 자유롭게 의견을 내고 있는지 등을 객관적으로 측정할 수 있습니다.

진단을 통해 얻은 데이터는 조직의 문제를 표면적으로 드러내지 않고도 근본적인 원인을 파악하는 데 도움을 줍니다. 이 과정을 통해 경영자는 어디에 문제가 있고, 어느 부분을 강화해야 하는지에 대해 정확한 인사이트를 얻을 수 있습니다. 마치 건강검진에서 '이 부분을 주의하세요'라는 의사 소견을 받는 것처럼, 조직도 진단을 통해 현재 상태를 정확히 알 수 있습니다.

단순한 추측이 아닌 데이터에 근거한 변화 전략은 조직의 역동성을 높이는 데 필수적입니다. 데이터를 통해 '지금'의 문제를 확인하고, 이를 바탕으로 구체적인 개선 방향을 설정할 수 있기 때문입니다. 예를 들어, 비전 정렬의 점수가 낮게 나왔다면, 전체 비전 공유 미팅이나 팀별 워크숍을 통해 직원들과의 소통을 강화하는 등 구체적인 해결책을 도출할 수 있습니다.

결론적으로, 진단의 힘은 조직을 투명하게 바라보게 하며, 올바른 방향으로 나아갈 수 있는 첫걸음을 제공합니다. 데이터를 기반으로 한 진단은 조직의 현재 상태를 면밀하게 분석하고, 그에 맞는 맞춤형 전략을 세워 실제 변화를 이끌어 내는 강력한 도구입니다.

직원들의 자발적 참여가 부재한 조직역동성은 꿈일 뿐입니다

변화에 있어 가장 중요한 것은 직원들의 동의와 자발적 참여입니다. 아무리 뛰어난 전략과 도구가 있어도, 직원들이 공감하지 않으면 모든 것이 허사입니다. 조직의 성공적인 변화를 위해서는 경영자나 리더 혼자만의 의지가 아닌, 조직 내 모든 구성원이 함께 움직여야 합니다.

진정한 변화는 조직의 최상위에서 명령으로 이루어지는 것이 아닙니다. 변화에 대한 신뢰와 지지 없이는, 조직 역동성의 5대 요소(비전 정렬, 혁신 행동, 지원적 리더십, 심리적 안전감, 업무 효능감) 모두 공허한 구호에 불과합니다.

자발적 참여는 직원들이 변화의 의미를 온전히 이해하고, 그들이 직접 참여하며 변화의 주체가 되는 것을 의미합니다. 예를 들어, 한 기업에서는 조직역동성 진단 후, 직원들과 함께 개선 방향을 논의하는 워크숍을 진행했습니다. 직원들은 자신들이 제시한 의견이 반영되는 것을 보며 변화에 대한 신뢰를 쌓아가고, 이에 따라 자연스레 더 많은 몰입과 참여가 생겨났습니다.

이 과정에서 리더들은 중요한 역할을 합니다. 리더는 직원들에게 변화를 강요하는 대신, 그들이 변화를 주도할 수 있도록 지원해야 합니다. 팀원들이 자신의 의견을 내고, 그 의견이 반영되는 과정을 지켜볼 때 비로소 그들은 변화의 동반자가 됩니다. 이를 통해 조직은 단순한 일시적 성과가 아닌, 지속적인 성과를 만들어낼 수 있습니다.

결국, 조직역동성을 높이기 위해선 직원들의 진정한 동의를 얻어야 합니다. 구성원들이 진단의 중요성을 이해하고 변화의 필요성을 받아들일 때, 비로소 조직은 역동적인 성장을 시작할 수 있습니다.

바쁜 경영자와 실무자를 위한
간이 조직역동성 체크리스트

조직역동성이라는 개념을 통해 비전 정렬, 혁신 행동, 지원적 리더십, 심리적 안전감, 그리고 업무 효능감이 조직에 얼마나 중요한지 절감하게 되셨을 겁니다. 하지만 단순히 이를 아는 것만으로는 충분하지 않습니다. 이 책의 목적은 단순한 지식적 통찰을 넘어, 우리 경영 현장에 어떻게 적용할 수 있는지에 대한 실질적인 지침을 제공하는 데 있습니다.

이 다섯 가지 변인을 이해하고 조직에 어떻게 적용할지를 고민할 때입니다. 조직역동성은 그 자체로 모든 것을 해결하는 마법의 단어는 아닙니다. 그러나 이 책에서 제시한 변인들을 고민하고 적용해본다면, 여러분의 조직은 더 빠르게 변화하고, 시장에서 차별화된 성과를 낼 것입니다. 진단을 위해 아래 실어드리는 간이 조직역동성 체크리스트를 활용하거나, 또는 해당 단행본에 수록해드린 "조직 역동성 진단" QR 코드를 통해서 우리 조직의 상태를 파악할 수 있습니다.

번호	변인	하위요인	문항	점수 (1~5점)
1	비전 정렬	비전 통합	나는 조직의 비전을 다른 사람에게 설명할 수 있다.	
2		목표 명확성	나는 이번 분기 집중해야 될 나의 목표가 무엇인지 알고 있다.	
3	혁신 행동	직무 도전성	나는 역량 대비 120% 이상의 목표를 가지고 있다.	
4		능동적 직무수행	나는 일을 수행하기 위해 필요한 자원을 적극적으로 요청할 수 있다.	
5	지원적 리더십	공감적 경청	리더는 내가 주로 어떤 일에서 어려움을 겪고 있는지 알고 있다.	
6		교정적 피드백	리더는 내 업무 성과를 높이기 위해 구체적인 피드백을 제공한다.	
7	심리적 안전감	개방적 소통	나는 상사와 업무 견해가 다를 때 다른 의견을 제시할 수 있다.	
8		관용	우리 팀은 실수를 극복할 수 있는 기회를 제공한다.	
9	업무 효능감	직무 몰입	나는 일상생활 중에도 목표달성에 필요한 아이디어가 떠오른다.	
10		책임감	나는 반드시 기한 내에 일을 완수한다.	
총점		총점 40점 이상: 조직역동성 지수 높음 총점 30~40점: 조직역동성 지수 보통 총점 20~30점: 조직역동성 지수 낮음 총점 20점 이하: 조직이 더 나은 방향으로 발전하기 위한 솔루션이 필요		

조직 역동성 진단 실제 활용 사례

최근 T 기업의 조직역동성 진단에서 흥미로운 사실을 발견했습니다. 3~7년차 직원들의 심리적 안전감과 지원적 리더십 점수가 유독 낮게 나온 것입니다. 세부적으로 살펴보니, 3~7년차 직원들이 조직 내에서 충분히 인정받지 못하고 있다는 것이 밝혀졌습니다. 이미 몇 차례 그들과 C레벨 간의 갈등이 있었고 오해가 해결되지 않은 채 방치되어 있었던 것입니다. 이들은 후배들에게는 일을 알려주고 성과를 책임져야 하지만, 성과가 나지 않으면 경영진에게 부정적인 피드백을 받는 구조 가운데 있었던 것입니다. 파악된 이슈를 기반으로 이후 집중 컨설팅을 통해 문제를 해결할 수 있었습니다.

B 기업은 전반적으로 조직 역동성 지수가 낮았으나, 유독 특정 부서만 모든 면에서 타 부서 대비 조직 역동성 지수가 높았습니다. 세부적으로 살펴보니, 해당 부서는 자체적으로 1년 동안 OKR을 실행한 부서였고, 해당 부서의 OKR 실행방식을 기반으로 전사 조직 역동성 강화 프로그램을 설계했습니다.

이처럼 조직역동성 진단은 수면 위로 드러나지 않았던 문제점들을 명확히 파악할 수 있으며, 역동성 강화를 위한 인사이트를 제공합니다. 숨겨진 문제가 실질적인 조직문화 개선의 핵심이 될 수 있는 반면, 잘 실행된 개선 작업은 눈에 띄지 않게 조직의 성과를 높이는 동력이 될 수 있습니다.

Ch2
역동적 조직을 만드는 한 걸음의 힘

조직역동성은 전사적 관점에서 출발해야 합니다.

조직역동성의 각 요소는 서로 유기적으로 작동합니다. 먼저, 비전정렬은 조직의 모든 구성원이 동일한 목표를 향해 나아가는 출발점입니다. 직원들이 조직의 비전과 자신이 하는 일의 의미를 명확하게 이해할 때, 그들의 동기는 자연스럽게 높아집니다. 이때, 높은 수준의 혁신 행동을 촉진하는 것은 필수적입니다. 비전이 정렬된 조직은 기존 방식에서 벗어나 새로운 도전에 나설 준비가 되어 있으며, 이러한 도전은 조직의 성공으로 이어질 가능성이 높습니다.

그러나 혁신을 실현하려면, 직원들이 역량을 발휘할 수 있는 환경이 필요합니다. 이 지점에서 지원적 리더십이 중요합니다. 단순한 지시가 아닌, 리더들이 팀원들에게 필요한 자원과 지지를 제공하고 그들의 성공을 돕는 방식은 직원들에게 큰 자신감을 줍니다. 더 나아가, 이러한 리더십이 제대로 작동하기 위해서는 조직 내에 심리적 안전감이 반드시 존재해야 합니다. 직원들이 자유롭게 자신의 생각을 표현하고 실수를 두려워하지 않는 환경에서만 진정한 혁신이 가능하기 때문입니다.

마지막으로, 이 모든 과정은 업무 효능감을 강화합니다. 혁신적인 목표를 세우고 성공 경험을 쌓아가는 직원들은 자신의 역량을 확신하게 되며, 이는 곧 조직 전체의 성과로 연결됩니다. 비전정렬에서 시작해 업무 효능감으로 이어지는 이 과정은 단순히 각 요소가 독립적으로 존재하는 것이 아니라, 서로가 상호작용하면서 조직을 역동적으로 만들어가는 힘입니다.

실무자들은 이러한 프로세스를 통해 자신이 하는 일의 가치와 의미를 깨닫고, 더 큰 목표를 향해 나아가는 동기를 얻게 됩니다. 그들의 노력은 조직 전체의 성과로 이어지고, 더 큰 책임감과 자부심을 느낄 수 있게 합니다. 한편, 경영자들은 이러한 과정을 전략적으로 관리해야 합니다. 각 요소가 유기적으로 연결되어 있는 만큼, 비전정렬부터 심리적 안전감까지 순서와 상호작용을 고려한 접근이 필수적입니다.

결국, 조직 역동성은 부분적 개선이 아니라 조직 전체의 근력을 강화합니다. 경영자는 이 다섯 가지 요소를 바탕으로, 조직을 더 유연하고 강력하게 변화시킬 수 있습니다.

조직의 비전을 명확히 하는 비전하우스

비전이 정렬되지 않은 상태에서 실행되는 전략은 마치 방향을 잃은 배와 같습니다. 지도도 없이 넓은 바다를 항해하는 상황에서는 아무리 강력한 엔진을 달고 있어도 결국 표류할 수밖에 없습니다. 비전은 단순히 한 번 선언하는 구호가 아닙니다. 조직의 비전이 직원들의 업무와 일상 속에 스며들어야 합니다. 매일의 회의, 사소한 결정, 대화 속에서도 비전이 자연스럽게 녹아 들어야 합니다.

많은 경영자들이 비전을 말하지만, 그 비전이 팀원들 각자에게 '나의 비전'으로 다가오는 것은 또 다른 문제입니다. 조직의 비전이 팀원의 개별 목표와 연결될 때, 팀원들은 비로소 조직의 큰 그림 속에서 자신의 역할을 분명히 인식하고 몰입하게 됩니다.

부록에 첨부된 비전하우스는 구성원들이 비전을 직접 눈으로 보고, 자신의 목표와 어떻게 연결되는지 깨닫게 해줍니다. 마치 한 팀으로 달려가는 경주마처럼, 방향이 맞춰진 조직은 일사불란하게 움직이기 시작합니다. 한 번 방향이 맞춰지면, 속도는 자연스럽게 따라옵니다. 변동성이 많은 환경에서도 비전이 명확하면 혼란 없이 앞으로 나아갈 수 있습니다.

혁신행동을 만드는 도전적인 목표와 가설사고

비전만으로 조직을 혁신으로 이끌 수는 없습니다. 비전은 방향을 제시하지만, 그 길을 걷는 것은 결국 '행동'입니다. 혁신행동은 단순히 아이디어를 생각해내는 것이 아니라 그 아이디어를 현실로 만들기 위한 구체적인 실천을 의미합니다. 끊임없이 실험하고, 피드백을 받고, 개선하는 사이클을 반복적으로 수행하는 것입니다.

지금껏 '혁신'이라는 단어를 대기업만의 전유물로 여겨졌습니다. 하지만 혁신은 조직 규모와 무관하며 얼마나 민첩하게 행동하는가에 달려있습니다. 세계적인 성공을 이뤄낸 기업들의 공통점은 모두 작은 실험을 빠르게 반복한다는 점입니다. 작은 혁신이 쌓여 거대한 변화를 만들어내는 것입니다.

여기서 경영자가 주목해야 할 도구 중 하나가 바로 부록에 첨부된 이니셔티브 백로그입니다. 도전적인 목표에 걸맞은 가설을 하나씩 도출하고 실제 실행을 통해 검증해 나가십시오. 혁신에 패스트 팔로워는 없습니다. 시장과 고객을 탐험가처럼 개척해 나가십시오.

지원적 리더십의 통로, 골든미팅

최고의 리더는 문제를 '직접' 해결하는 사람이기보다는, 팀원들이 그 문제를 풀어낼 수 있도록 뒤에서 지원하는 사람입니다. 팀원들이 더 나은 결정과 실행을 할 수 있도록 길을 열어주는 역할입니다. 부록에 첨부된 골든미팅 카드를 통해 원온원 미팅의 첫 문을 여십시오. 골든미팅카드의 각 질문을 따라가다 보면, 각 구성원과 진정성 있는 대화를 나누고, 그들의 고민과 성과 목표를 직접 들으며, 개별적인 지원 전략을 세울 수 있습니다.

지원적 리더십은 성과와 직결됩니다. 조직의 목표는 단순히 뛰어난 개인을 육성하는 데 있지 않습니다. 조직의 모든 구성원이 집단지성을 발휘하여 더 큰 성과를 낼 수 있는 문화를 조성하는 데 있습니다. 한 리더가 팀원에게 보여준 작은 지원 하나가 팀 전체의 성과를 크게 바꿀 수 있다는 사실은 이미 많은 사례에서 입증되었습니다. 리더십은 권위가 아닌 섬김을 통해 발휘됩니다. 팀원들이 리더에게 의지하고, 자신의 생각을 자유롭게 표현할 수 있게 팀원들을 섬길 때, 조직은 그 안에서 더 빠르고 창의적으로 성장할 수 있습니다. 지원적 리더십은 팀원의 자율성과 책임감을 촉진시키며, 이는 곧 조직의 경쟁력 강화로 이어집니다.

심리적 안전감을 높이는 AAR 피드백

조직 내에서 심리적 안전감은 MZ세대, X세대, 베이비부머 세대 모두에게 필수적인 요소입니다. 모든 세대가 방식은 다를지라도, 자유롭게 의견을 내고 실수를 학습의 기회로 삼을 수 있는 문화를 원하는 것만큼은 동일합니다. 이를 잘 이해하고 적용하는 것이 리더십과 조직문화의 핵심입니다.

MZ세대는 디지털 환경에 익숙하고, 빠른 피드백과 즉각적인 의사결정을 선호합니다. 이들은 자신의 아이디어가 팀 내에서 실현될 수 있는 가능성을 높이 평가하며, 실수를 배움의 과정으로 받아들입니다.

MZ세대에게 AAR은 빠른 피드백과 즉각적인 교정을 통해 도전적인 아이디어를 실행하고, 그 결과를 곧바로 분석하는 효과적인 시스템으로 다가옵니다. 이 세대는 실수를 두려워하기보다 실수를 통해 배우고 빠르게 개선하려는 경향이 강하기 때문에, AAR은 그들에게 지속적인 성장의 장이 됩니다.

X세대는 변화와 전통을 동시에 경험한 세대로, 안정성과 도전 모두를 중요시합니다. 이들은 성숙한 대화와 명확한 목표를 통해 안전감을 느끼며, 상사의 구체적인 지지와 피드백이 있을 때 가장 큰 성과를 냅니다. X세대는 AAR을 통해 자신들의 경험과 지식을 재조명하고, 구조화된 성찰을 통해 팀의 성공을 분석하며, 자신들이 나아가야 할 다음 단계를 명확하게 할 수 있습니다. 이들은 의미 있는 피드백을 통해 기존의 성과를 객관적으로 검토하고, 향후 행동을 구체화하는 AAR을 매우 매력적으로 느낍니다. 이처럼 X세대는 경험을 존중받고 그 경험을 바탕으로 새로운 도전에 나설 때 심리적 안전감을 느낍니다.

베이비부머 세대는 오랜 경험과 경력에서 오는 지혜를 중요시하며, 그들이 쌓아온 경험이 존중받는 환경에서 심리적 안전감을 느낍니다. 이 세대는 의사소통의 질을 중요하게 생각하고, 팀에서 경청하는 리더와 의미 있는 피드백이 존재할 때 자신의 기여도가 인정받는다고 느낍니다. 베이비부머 세대는 오랜 경험을 팀원들과 공유하고, 세대 간 교류를 촉진하는 중요한 도구로 AAR을 사용할 수 있습니다. 이들에게는 구성원의 존중과 실수의 용인이 중요한데, AAR은 실수를 교정하는 동시에 이를 기회로 전환하는 문화를 확립하는 데 큰 역할을 합니다. 이들에게는 장기적인 신뢰와 안정된 환경이 핵심입니다.

세대 간 차이를 이해하고 이를 기반으로 심리적 안전감을 구축하는 리더십은 조직의 성과와 혁신을 가속화 시킵니다. 모든 팀원이 자신의 아이디어를 자유롭게 발휘하고 실수를 두려워하지 않는 공간을 제공하는 것이 조직의 미래를 여는 열쇠입니다. 지금 여러분의 조직은 세대 간 다름을 인정하고 이들을 하나로 묶어내는 심리적 안전감을 조성하고 있습니까?

개별화된 커리어 목표로
업무 효능감을 높여주는 비전프로필

신입사원이나 주임, 대리급 직원들에게 중요한 것은 작은 성공의 경험입니다. 이 시기의 직원들은 아직 조직과 자신의 역할을 완전히 파악하지 못한 상태이기 때문에, 구체적인 성취를 통해 자신감을 쌓을 수 있도록 도와야 합니다. 부록에 첨부된 '비전프로필'을 통해 개인의 특성을 고려한 작은 목표들을 설정하고, 이를 달성할 수 있는 프로젝트와 기회를 제공하십시오. 예를 들어, 장애인을 돕는다는 개인 비전이 있는 직원에게는 사회적 책임이나 기업 봉사활동과 관련된 프로젝트를 맡기는 것입니다. 작은 성공 경험이 쌓일 때 직원들은 '나도 할 수 있다'는 자신감을 얻게 되고, 이는 곧 더 큰 도전에 나설 동기로 이어집니다. 비전프로필에 있는 목표들을 하나씩 달성하면서 '내가 지금 어디에 있는지'를 명확하게 보게 됩니다.

과장과 차장급은 조직의 중심 역할을 하며, 위와 아래를 잇는 중간 리더로서 중요한 책임을 짊어지고 있습니다. 이들에게 업무 효능감을 심어주기 위해서는 리더십과 전문성을 동시에 키워주어야 합니다. 비전프로필을 활용해 이들이 조직 내에서 점진적인 리더십 성장을 경험하도록 만들어야 합니다. 이 시기의 직원들에게는 자율적인 프로젝트 운영 기회나 멘토링 역할을 부여함으로써, 그들이 조직의 성과에 직접적으로 기여하는 느낌을 가질 수 있도록 해야 합니다. 예를 들어, 차장급 직원이 팀을 이끌고 중요한 프로젝트를 성공적으로 마무리한다면, 그 경험이 리더십에 대한 자신감으로 이어지고, 다른 팀원들의 성과를 도와주는 멘토 역할로 까지 확장될 수 있습니다. 이들이 비전프로필을 채워 나가며, '내가 더 나은 리더로 성장하고 있다'는 사실을 명확히 느끼게 해줘야 합니다.

부장급 이상은 조직의 전략적 방향성을 결정하는 위치에 있습니다. 이들에게 중요한 것은 성과의 전환점을 명확히 보는 능력입니다. 비전프로필에서 이들이 지향해야 할 마지막 단계는 단순한 개인적 성취가 아니라, 조직 전체의 성과를 이끄는 지휘자 역할입니다. 부장급 이상은 팀 전체의 성장을 지휘하는 역할을 맡아야 합니다. 그들에게는 구체적인 피드백을 통해 조직 전반에 대한 비전을 명확히 하고, 이를 비전프로필 상에서 어떻게 구체화할 것인지를 제시해야 합니다. 이들은 조직의 성과를 책임지는 리더로서, 다른 팀원들의 성공을 이끌어내며 조직 전체의 효능감을 증대시키는 역할을 해야 합니다. 이를 통해 그들은 '내가 조직의 방향을 주도하고 있다'는 책임감을 느끼며 더 큰 성취를 이루게 될 것입니다.

결국, 비전프로필은 각 직급에 따라 맞춤형 성취 경험을 제공하여 이를 통해 직원들이 업무 효능감을 높일 수 있는 도구입니다. 신입사원부터 부장까지, 각자의 위치에서의 성장을 체계적으로 관리하며, 작은 성공이 큰 성과로 이어지는 선순환 구조를 만드는 것이 핵심입니다.

Ch3

결국엔 다 변화관리다

결국엔 다 변화관리다

제조회사 J 기업은 2020년 COVID 팬데믹과 부품 시장 변화에 대응하기 위해 재고관리의 디지털화를 시도했습니다. 그러나 직원들은 새로운 시스템에 적응하지 못했고, 도입한 기술은 활용되지 않은 채 방치되었습니다. 이와 같이 새로운 시도를 했지만 꾸준하게 적용하지 못해 중간에 중단된 사례가 많습니다. 무엇이 문제일까요?

기술이나 전략의 도입만으로는 조직의 변화를 이끌 수 없습니다. 존 코터(John P. Kotter)의 변화관리 8단계 이론은 이러한 문제를 해결하는 데 유용한 틀을 제공합니다. 그는 변화를 성공적으로 이끌기 위해서는 긴박감을 고취하고, 변화의 비전을 명확히 하며, 이를 지속적으로 공유하는 것이 중요하다고 강조합니다. 특히 변화관리의 성공은 다음 세 가지 이유에서 중요합니다. 첫째, 변화는 불가피하며, 이에 적응하지 못하면 도태됩니다. 둘째, 변화는 조직 내 저항을 불러일으킬 수 있으며, 이를 잘 다루지 않으면 혼란이 가중됩니다. 셋째, 성공적인 변화관리는 조직의 미래 성과와 직결됩니다.

아무리 말해도, 부족하다!

변화관리의 첫 걸음은 리더가 변화의 목적지와 방향성을 분명히 하는 것입니다. 마치 여행을 시작할 때 목적지를 정하는 것과 같습니다. 목적지가 명확하지 않으면, 여정 자체가 무의미해질 수 있습니다. 예를 들어 "하와이를 가겠다!"라고 결심한 후에는, 그 목적지가 모든 구성원에게 명확하게 인식되어야 합니다. 리더는 타운홀 미팅이나 리더 회의를 통해 반복적으로 목적지와 방향성을 구성원들과 공유해야 합니다.

태양열 플랫폼 H 기업의 사례가 이를 잘 보여줍니다. H 기업은 새로운 성과관리 제도를 도입하기 위해 리더들이 한 달간 4번의 포럼을 개최했습니다. 첫 번째 포럼에서는 책을 읽고 토론을 나눴고, 두 번째 포럼에서는 영상을 보고 의견을 교환했습니다. 이러한 과정을 통해 리더들은 변화의 방향을 분명히 하고, 구성원들에게 변화를 명확히 전달할 수 있었습니다.

깃발을 들고 먼저 갈 수 있는 추진팀을 만드십시오

변화를 이끌기 위해서는 '깃발을 들고' 먼저 갈 추진팀이 필요합니다. 이 추진팀은 마치 비행기를 안전하게 이륙시키는 역할을 합니다. 추진팀은 직원들에게 변화의 목적과 방향을 교육하고, 이해도를 높여 성공적인 도입을 이끄는 핵심 역할을 담당합니다. 또한, 운영 과정에서도 지속적인 알림과 지원을 통해 변화가 성공적으로 뿌리내리도록 도와줍니다.

IT 유통업 D 기업은 OKR 목표관리 방법론을 도입하기 위해 200명 직원 중 10명의 추진팀을 구성했습니다. 대부분의 영업사원들이 바쁜 일정 때문에 한자리에 모이기 어려웠던 문제를 해결하기 위해, 추진팀은 OKR 웹툰을 제작해 직원들에게 배포했습니다. 덕분에 직원들은 재미있게 OKR에 대한 이해도를 높일 수 있었고, 추진팀은 변화를 성공적으로 이끌어냈습니다.

작게 빠르게 시작하라!

혁신행동에서 다뤘듯, 애자일 정신 중에는 "Think Big, Start Small, Move Fast"라는 말이 있습니다. 큰 성공을 이루기 위해서는 작은 성공에서부터 시작해야 합니다. 조직에 변화가 일어날 때 구성원들은 어떻게 반응할까요? 언제나 선도그룹 20%, 중간그룹 60%, 하위그룹 20%로 나뉘게 됩니다. 이 중에서 가장 먼저 변화에 관심을 보이는 선도그룹 20%에 집중하는 것이 중요합니다. 선도그룹의 성공 사례를 발굴해 조직에 공유하고 확산시키는 것이 전체 변화를 이끄는 중요한 전략입니다.

예를 들어, 강남에 위치한 한 안과는 내부 마케팅 조직을 대상으로 먼저 OKR 목표관리 방법론을 시도했습니다. 이 조직의 성과와 조직 역동성 지수를 분석한 결과, OKR을 적용한 조직이 그 외 조직보다 더 높은 역동성을 보였습니다. 이 데이터를 바탕으로 전사 교육과 워크숍을 진행하여 성공 사례를 확산시키고, 전체 조직으로 변화를 확대하는 데 성공했습니다.

근육을 만들기 위해서는 꾸준함이 필수입니다

구글에 OKR을 전파한 존 도어(John Doerr)가 이사로 있는 Betterworks라는 기업이 있습니다. 한 번은 부사장인 더스틴(Dustin)을 세미나에 초청해 인터뷰를 진행했습니다. "많은 기업이 조직의 변화를 위해 애자일이나 OKR 같은 방식을 도입하지만, 얼마 지나지 않아 우리에게 맞지 않는다며 포기하는 경우가 많다"며 한국 기업들에게 해주고 싶은 말을 물었습니다. 더스틴은 이렇게 답했습니다.

"근육을 만들기 위해서는 꾸준히 헬스장을 다녀야 합니다. 일하는 방식을 바꾸는 것은 조직의 근육을 키우는 것과 마찬가지입니다. 한 번 헬스장에 갔다고 근육이 생기기를 기대하는 것은 터무니없는 일입니다. 근육을 만들려면 꾸준히 운동하고 관리해야 하듯이, 조직의 변화를 원한다면 꾸준히 시도하고 지속적으로 관리하는 것이 필수입니다." 꾸준한 시도와 관리 없이는 조직의 변화도 오래 지속될 수 없습니다. 변화관리는 결국 꾸준함 속에서 그 진정한 힘을 발휘합니다.

• 에필로그 •

　가인지컨설팅그룹은 기업이 우리 경제의 핵심 기둥이자, 삶의 터전이고, 혁신의 모판이라 믿는 사람들로 구성된 조직입니다. 지난 24년 동안 4,300개의 기업을 도우며 컨설턴트들이 관찰한 인사이트를 실무적으로 정리한 것이 바로 '조직역동성'입니다. 가인지컨설팅그룹 내에서도 각 구성요소별 경험이 많은 전문 컨설턴트들이 대표 저자를 맡아 실제 컨설팅 수행 사례를 바탕으로 작성했습니다. 단순한 방법론이나 이론적 담론이 아닌 실제 컨설팅에 사용된 도구들과 강의안을 담은 이 책이 역동적인 조직을 지향하는 모든 경영자, 관리자, 실무자들에게 도움되기를 바랍니다.
　이 책에서 제시하는 도구와 사례와 통찰은 각 기업의 외부 환경과 내부 자산에 따라 유연하게 적용하실 것을 추천 드립니다. 중요한 것은 '완벽한 시작'이 아니라, 지속적인 개선입니다. 여러분의 조직을 변화시키는 첫걸음을 내디딥시오. 가인지컨설팅그룹이 늘 여러분 곁에서 조직의 성공을 응원하며 최선을 다해 돕겠습니다.

• 참고문헌 •

1. 이권진. 중소기업 800만개 첫 돌파… 전체기업수의 99.9% 차지. 중소기업뉴스, 2024년 9월 1일, https://www.kbiznews.co.kr/news/articleView.html?idxno=102219
2. 황복희. 중소기업 왜 중요한가···5가지 답!. 중소기업 투데이, 2020년 3월 4일, https://www.sbiztoday.kr/news/articleView.html?idxno=8907
3. 이수진. 조직의 성장에 뿌리를 내리는 '비전수립'. 사례뉴스, 2011년 3월 18일, https://www.casenews.co.kr/news/articleView.html?idxno=10732
4. 정승아. 이랜드, 한중패션 매출액 3조 눈앞. 매일경제, 2023년 10월 2일, https://www.mk.co.kr/news/business/10840982
5. 정동일. 비전보다 중요한 건 '비전 공유'. 동아일보, 2012년 11월 1일, https://bizn.donga.com/3/all/20121031/50535866/3
6. Sull, D., Homkes, R., & Sull, C. (2017, September 7). Why strategy execution unravels-and what to do about it. Harvard Business Review. https://hbr.org/2015/03/why-strategy-execution-unravelsand-what-to-do-about-it
7. 추가영. AB인베브와 구글이 잘하는 '이것'. 긱스, 2023년 11월 7일, https://www.hankyung.com/article/202311077777i
8. Tajmirriyahi, M. Four keys to goal setting that increase employee performance and reduce attrition. BI WORLDWIDE. https://www.biworldwide.com/research-materials/blog/four-keys-to-goal-setting/
9. 6번과 동일
10. 장은지. [HBR]당장 효과도 없고, 측정도 어렵지만, 조직문화는 강력한 미래 성과 예측 지표. [HBR]하버드비즈니스리뷰. (2018). https://www.hbrkorea.com/article/view/atype/ma/category_id/7_1/article_no/1092
11. 김도희. [조직문화] 문화캘린더, 문화의 힘은 조직을 바꾼다.사례뉴스, 2017년 4

월 25일, https://www.casenews.co.kr/news/articleView.html?idxno=189

12. Musk, E. (2019, October 9). Elon Musk: Tesla Shorts, and Why Big Companies Struggle to Innovate. Youtube. other, The Motley Fool. Retrieved September 29, 2024,.

13. 과학기술정책연구원, 장필성&김태양. 2022년 한국기업혁신조사(제조업 부문). 2023년 3월 6일. https://www.stepi.re.kr/kis/service/sub03_report.do.

14. Wiles, J. (2023). Improve your strategy execution with these five tips. Gartner. https://www.gartner.com/smarterwithgartner/the-five-pillars-of-strategy-execution

15. Cross, R.,Davenport, T., & Grey, P. 겉으론 협업, 속으론 시간낭비...잘 들여야 봐야. 동아비즈니스리뷰. https://dbr.donga.com/article/view/1401/article_no/9371

16. Cross, R. Rebele, R. & Grant, A. 협업이 초래하는 과중한 짐. [HBR]하버드비즈니스리뷰. (2016). https://www.hbrkorea.com/article/view/atype/ma/category_id/7_1/article_no/697

17. 16번과 동일

18. 15번과 동일

19. Spina, C., Camuffo, A. & Gambardella, A. 린스타트업에도 과학적 접근이 필요하다. [HBR]하버드비즈니스리뷰. (2021). https://www.hbrkorea.com/article/view/category_id/5_1/atype/di/article_no/333/page/1

20. 최호진. 기업가가 과학자처럼 생각해야 하는 이유. [HBR]하버드비즈니스리뷰. (2024). https://www.hbrkorea.com/article/view/atype/ma/category_id/1_1/article_no/2189/page/1

21. 이소영. 린 스타트업 전략이 기업성과에 미치는 영향:체험마케팅의 조절역할을 중심으로. 호서대학교 벤처대학원 박사학위논문, 2019.

22. 김기홍(KiHong Kim), 전병훈(ByungHun Jeon), 이창영(ChangYoung Lee). (2023). 피벗을 통한 창업기업의 Death Valley 극복 사례 분석. 한국진로창업경영학회지, 7(4), 17-31. 10.48206/kceba.2023.7.4.17

23. 손용수, 조영주. 왜 사무실 자리를 자주 바꾸면 좋을까? [HBR]하버드비즈니스리뷰. (2018). https://www.hbrkorea.com/article/view/atype/ma/category_id/7_1/article_no/1114/page/1

24. 이혜리. 아마존, 내년부터 재택근무 없앤다…"주 5일 회사 출근".이코노미스트, 2024년 9월 17일, https://economist.co.kr/article/view/ecn202409170005

25. 이병훈. M은 혁신 없어서, Z는 소통 안 돼서…공직사회 떠나는 MZ세대 [통계로 보는 행정]. 세계일보, 2024년 4월 28일, https://www.segye.com/newsView/20240426514631

26. 우형록(HyungRok Woo). (2017). Exploratory Study Examining the Joint Impacts of Mentoring and Managerial Coaching on Organizational Commitment. Sustainability 9, no. 2: 181. https://doi.org/10.3390/su9020181

27. Bersin, J. (2015). Becoming irresistible: A new model for employee engagement. Deloitte Insights. https://www2.deloitte.com/us/en/insights/deloitte-review/issue-16/employee-engagement-strategies.html

28. Gallup. (2024, October 18). Indicator: Employee engagement. Gallup.com. https://www.gallup.com/394373/indicator-employee-engagement.aspx

29. Kim, S.Y., & Oh, S.J. (2021). The Effect of Leaders' Managerial Coaching Behavior on Employees' Innovative Behavior: Mediating Effect of the Employees' Entrepreneurship and the Moderating Effect of LMX. The Journal of the Korea Contents Association, 21(5), 607–626. https://doi.org/https://doi.org/10.5392/JKCA.2021.21.05.607

30. Garr, S., Sloan, N., & Pastakia, K. (n.d.). Performance management: Playing a winning hand. Deloitte Insights. https://www2.deloitte.com/us/en/insights/focus/human-capital-trends/2017/redesigning-performance-management.html

31. Gallup's workplace 2023 report is here! Gallup's Workplace 2023 Report is Here! -. (2023, September 27). https://workweek.com/2023/09/27/

gallups-workplace-2023-report-is-here/

32. 27번과 동일

33. Dewhurst, M., Guthridge, M., & Mohr, E. (2009, November 1). Motivating people: Getting beyond money. McKinsey & Company. https://www.mckinsey.com/capabilities/people-and-organizational-performance/our-insights/motivating-people-getting-beyond-money

34. Gnepp J, Klayman J, Williamson IO, Barlas S (2020) The future of feedback: Motivating performance improvement through future-focused feedback. PLoS ONE 15(6): e0234444. https://doi.org/10.1371/journal.pone.0234444

35. Evanish, J. (2024, July 10). Key gallup workplace statistics to help you lead in 2022. Lighthouse. https://getlighthouse.com/blog/gallup-workplace-statistics-2022/

36. 김영헌. [김영헌의 마중물] 당신은 조직에 얼마나 몰입하는가?. 한경닷컴 더 라이피스트. 2021년 6월 9일. https://www.hankyung.com/article/202106091769Q

37. Huddle, S. (2022). "규모의 리더십" – 리더가 직원 경험의 중심이 될 수 있는 방법. Great Place to Work. https://www.greatplacetowork.co.kr/kr/resources/todays_value/leadershipatscalehowmanagerscanbecentraltoagreatemployeeexperience

38. Choi, H., & Jung, H. (2023). LG계열사 디앤오의 복지 원톱 "최복동"...뭐길래? LG Careers. https://careers.lg.com/story/main/StoryDetail.rpi?requestStoryId=657

39. Kim, T., Park, S., & Moon, S. (2021). 토스씨엑스, '최복동'을 아십니까? 잡플래닛. other. Retrieved 2024,.

40. Keller, S. (2017, June 28). High-performing teams: A timeless leadership topic. McKinsey & Company. https://www.mckinsey.com/capabilities/people-and-organizational-performance/our-insights/high-

performing-teams-a-timeless-leadership-topic

41. Knowledge at Wharton Staff. (2002). Lou Gerstner's turnaround tales at IBM. Knowledge at Wharton. https://knowledge.wharton.upenn.edu/podcast/knowledge-at-wharton-podcast/lou-gerstners-turnaround-tales-at-ibm/

42. Francis, A. (2024, June 7). Case study: IBM's turnaround under Lou Gerstner. MBA Knowledge Base. https://www.mbaknol.com/management-case-studies/case-study-ibms-turnaround-under-lou-gerstner/

43. Flynn, J., Cantrell, S., Mallon, D., Kirby, L., & Scoble-Williams, N. (2024, February 5). The transparency paradox: Could less be more when it comes to trust?. Deloitte Insights. https://www2.deloitte.com/us/en/insights/focus/human-capital-trends/2024/transparency-in-the-workplace.html

44. 기업문화팀. 非효율·不통·無성과로 물든 회의문화··· 100점 만점에 45점 '낙제'. 대한상공회의소. (2017). https://www.korcham.net/nCham/Service/Economy/appl/KcciReportDetail.asp?CHAM_CD=B001&SEQ_NO_C010=20120931410

45. Louise Sheiner, N. S., Nasiha Salwati, D. W., Aaronson, S., Wendy Edelberg, N. S.-S., Lauren Bauer, W. E., & Stevenson, B. (2024, March 22). The US Labor Market post-COVID: What's changed, and what hasn't? Brookings. https://www.brookings.edu/articles/the-us-labor-market-post-covid-whats-changed-and-what-hasnt/

46. Ferguson, S., & Hoover, M. (2024, October 15). Understanding America's labor shortage: The most impacted industries. U.S. Chamber of Commerce. https://www.uschamber.com/workforce/understanding-americas-labor-shortage-the-most-impacted-industries

47. Smet, A. D., Dowling, B., Hancock, B., & Schaninger, B. (2022, July 13).

The great attrition is making hiring harder. are you searching the right talent pools?. McKinsey & Company. https://www.mckinsey.com/capabilities/people-and-organizational-performance/our-insights/the-great-attrition-is-making-hiring-harder-are-you-searching-the-right-talent-pools

48. Chodyniecka, E., Smet, A. D., Dowling, B., & Mugayar-Baldocchi, M. (2022). Money can't buy your employees' loyalty. McKinsey & Company. https://www.mckinsey.com/capabilities/people-and-organizational-performance/our-insights/the-organization-blog/money-cant-buy-your-employees-loyalty

49. Dhingra, N., Samo, A., Schaninger, B., & Schrimper, M. (2021, April 5). Help your employees find purpose-or watch them leave. McKinsey & Company. https://www.mckinsey.com/capabilities/people-and-organizational-performance/our-insights/help-your-employees-find-purpose-or-watch-them-leave

50. The deloitte global 2024 gen Z and millennial survey. Deloitte. (2024). https://www.deloitte.com/global/en/issues/work/content/genz-millennialsurvey.html

51. Willige, A. (2021). The rise of the "belief-driven" employee. World Economic Forum. https://www.weforum.org/agenda/2021/09/corporate-values-employee-motivation-employee-activism/

52. 주요 기업 근로자 업무몰입도 현황조사 결과. 한국경영자총협회. (2024, March 11). https://www.kefplaza.com/web/pages/gc38139a.do?bbsFlag=View&bbsId=0009&nttId=172&pageIndex=1&searchCnd=0&searchWrd=

53. Strengthen your employee value proposition. Gartner. (n.d.). https://www.gartner.com.au/en/human-resources/insights/employee-value-proposition

54. McLellan, L. (2022, May 9). Attracting and keeping talent. Harvard Business Publishing. https://www.harvardbusiness.org/attract-and-keep-talent-what-managers-can-do/

55. Hybrid work is just work. are we doing it wrong?. Microsoft. (2022). https://www.microsoft.com/en-us/worklab/work-trend-index/hybrid-work-is-just-work

56. 2024 workplace learning report: Linkedin learning. 2024 Workplace Learning Report | LinkedIn Learning. (n.d.). https://learning.linkedin.com/resources/workplace-learning-report

57. Rigoni, B., & Adkins, A. (2024, October 29). Millennials want jobs to be development opportunities. Gallup.com. https://www.gallup.com/workplace/236438/millennials-jobs-development-opportunities.aspx

58. Zak, P. j. (2017). [HBR]신경과학으로 본 신뢰. [HBR]하버드비즈니스리뷰. https://www.hbrkorea.com/article/view/atype/ma/category_id/7_1/article_no/893/page/1

부록.
조직역동성 실행 도구

부록1. 비전하우스

부록2. 이니셔티브 백로그

부록3. 골든미팅 카드

부록4. AAR카드

부록5. 비전 프로필

비전하우스
VISION HOUSE

작성일

기업명

사명 | MISSION

비전 | VISION

핵심가치 |
CORE VALUE

| 핵심역량
CORE COMPETENCY

비전하우스
VISION HOUSE

작성일 2023.12.30

기업명 ㈜KS글로벌

사명 | MISSION

엔지니어링 기술로 고객의 꿈을 현실로 만들자!

비전 | VISION

2028 VISION 1000, 100, 1 !

연매출 1,000억 / 직원수 100명, 일하고 싶은 회사 업계 1위 / 해외지사 3개

핵심가치 | CORE VALUE

열정, 신뢰,
성장, 프로정신

핵심역량 | CORE COMPETENCY

자체 설계 및 생산 능력,
고객 맞춤형 컨설팅 능력,
글로벌 비즈니스 능력

이니셔티브 백로그
INITIATIVE BACKLOG

	작성일	
	팀명	

	KPI/KR	해결해야할 장애물	달성을 위한 이니셔티브	우선순위	담당자	기한
1						
2						
3						
4						
5						
6						
7						
8						
9						

이니셔티브 백로그
INITIATIVE BACKLOG

작성일 2023.12.30
팀명 마케팅

	KPI/KR	해결해야할 장애물	달성을 위한 이니셔티브	우선순위	담당자	기한
1	신규 메뉴 총 판매매출 월 10억 달성	메뉴의 인지도 부족, 기존 고객의 보수적 취향	신메뉴 홍보 캠페인, 주요 인플루언서와 협업, SNS 마케팅 강화	상	김동근 주임	10/31
2	신규 메뉴 총 판매매출 월 10억 달성	온라인 채널에서의 홍보 부족	다양한 채널에서의 광고 및 프로모션 진행 (SNS, 유튜브, 이메일)	상	유한걸 대리	10/31
3	신규 메뉴 총 판매매출 월 10억 달성	소비자 관심 부족	신메뉴 시음 이벤트 및 체험 행사, 고객 참여 이벤트 기획 (SNS 해시태그 이벤트 등)	중	김성기 과장	11/15
4	분기 총 매출 전분기 대비 2배 달성	브랜드 인지도가 높지만, 특정 메뉴에 집중된 판매 패턴	브랜드 리프레싱 캠페인, 신메뉴 및 인기 메뉴 간 연계 프로모션 기획	하	김성기 과장	12/19
5	멤버십 가입고객 전분기 대비 5배 달성	멤버십 홍보 부족	멤버십 가입 혜택 프로모션, SNS 및 앱에서의 홍보 강화	상	유한걸 대리	11/30
6	멤버십 가입고객 전분기 대비 5배 달성	멤버십 유입 동기 부족	멤버십 가입 시 특별한 혜택 제공 (무료 음료, 할인 쿠폰), 한정 이벤트 기획	중	김동근 주임	12/19
7	신규 메뉴 총 판매매출 월 10억 달성	타깃 고객층에게 도달이 어려움	맞춤형 디지털 광고 타겟팅 (연령, 지역, 성향별) 강화	하	유한걸 대리	10/28
8	멤버십 가입고객 전분기 대비 5배 달성	오프라인 고객의 멤버십 가입 유도 부족	매장 내 멤버십 홍보자료 배포, 직원 교육을 통해 고객 응대 시 멤버십 권장	상	유한걸 대리	11/26
9	신규 메뉴 총 판매매출 월 10억 달성	고객의 정보 접근성 제한	고객 편의성을 높이기 위한 앱 알림 및 이메일 마케팅 활용	하	김동근 주임	11/15

골든미팅카드

리더와 팀원이 1:1로 만나 지난 기간 동안 목표를 달성하며 얻은 결과와 지식을 돌아보고 다음 목표 달성에 필요한 사항들을 나눕니다.

작성일

팀명

미팅 진행 순서

◆ **오프닝 & 스몰토크**
리더가 팀원을 환대하며 시작합니다. 지난 기간동안 Good News 등 가벼운 스몰토크로 골든미팅의 문을 엽니다.

• **성과** : 팀원은 자신의 성과와 자신이 타인의 성과에 기여한 것을 돌아봅니다.
• **지식** : 자기 역량의 성장을 위해 학습한 것, 목표를 달성하는 과정에서 발견한 지식은 무엇인지 돌아봅니다. 리더는 팀원이 성과와 지식에 있어서 진전을 이룬 부분을 구체적으로 인정해 줍니다.
• **지원** : 다음 목표를 달성하기 위해 필요한 사항을 리더에게 요청합니다.

◆ **클로징 & 격려**
리더는 팀원의 도전과 성장을 격려하고, 다음 골든미팅 일정을 잡으며 미팅을 마칩니다.

질문	내용
지난 기간 나의 성과는?	
타인의 성과에 내가 기여한 것은?	
성장을 위한 학습 & 발견한 지식	
다음 도전을 위한 지원 요청	

골든미팅카드

리더와 팀원이 1:1로 만나 지난 기간 동안 목표를 달성하며 얻은
결과와 지식을 돌아보고 다음 목표 달성에 필요한 사항들을 나눕니다

작성일 2023.12.30

팀명 마케팅

미팅 진행 순서

◆ **오프닝 & 스몰토크**
리더가 팀원을 환대하며 시작합니다. 지난 기간동안 Good News 등 가벼운 스몰토크로 골든미팅의 문을 엽니다.

• **성과** : 팀원은 자신의 성과와 자신이 타인의 성과에 기여한 것을 돌아봅니다.
• **지식** : 자기 역량의 성장을 위해 학습한 것, 목표를 달성하는 과정에서 발견한 지식은 무엇인지 돌아봅니다. 리더는 팀원이 성과와 지식에 있어서 진전을 이룬 부분을 구체적으로 인정해 줍니다.
• **지원** : 다음 목표를 달성하기 위해 필요한 사항을 리더에게 요청합니다.

◆ **클로징 & 격려**
리더는 팀원의 도전과 성장을 격려하고, 다음 골든미팅 일정을 잡으며 미팅을 마칩니다.

질문	내용
지난 기간 나의 성과는?	• B2B 오프라인 영업만 해왔는데, 유튜브 콘텐츠를 통한 B2C 판매에 처음 도전했습니다. 전체 매출의 30%를 유튜브를 통해 달성하는 것이 목표였으나, 전체 매출의 20%(10억 5천만 원)를 달성했습니다. • 사람들이 구독하는 콘텐츠가 되기 위해 매주 콘텐츠 기획—생산—피드백 고리를 돌렸고, 1년 동안 구독자수가 5만명이 되었습니다. (목표는 3만명) • 조회수 100만 콘텐츠를 12개 만드는 것이 목표였고, 7개가 100만 조회수를 넘겼습니다.
타인의 성과에 내가 기여한 것은?	• 라이브커머스팀이 생길 때, 콘텐츠 성공 공식을 전수해 주었고, 영상 촬영/편집 시스템을 7일 안에 갖출 수 있도록 도움을 주었습니다. • 영업팀에서 영상 링크를 거래처에 먼저 제공하고 방문하는 일이 많아졌습니다. 영상에 달린 댓글을 영업의 포인트로 삼기도 합니다. 실제로 지난 달 지식토크 시간에 '영상 댓글을 활용해 영업 성공하기'라는 지식이 발표되었습니다. • 신입 채용에 지원하는 사람들의 숫자가 2배가 되었습니다. 지원자의 50% 정도가 우리 회사를 유튜브로 접했습니다.
성장을 위한 학습 & 발견한 지식	• 전자기타 회사인 펜더의 제품 영상을 참고하며 정리한 '영상 성공 공식 10가지'가 있습니다. 실제로 적용하고 좋은 결과를 보았습니다. • 구독자를 위한 프로모션 1년 캘린더를 준비했고, 10-12월에 3차례 실행했습니다. 총 매출 1억원을 달성했습니다.
다음 도전을 위한 지원 요청	• 좀더 입체적인 콘텐츠 발행을 위해 2명의 채용이 필요합니다. • 유튜브 댓글로 문의가 많아지면서, 고객 응대가 잘 되지 않고 있습니다. 이 영역을 우리 내부에서 해결할지, 외주로 줘야 할지 결정이 필요합니다. 저는 경영지원팀에서 할 수 있을 것으로 보입니다.

AAR 카드
(After Action Review Card)

작성일	
팀명	

- **얻고자 한 것 (Expected)**
- **얻은 것 (Results)**
- **차이와 원인 (Cause)**
- **해야 할 것 (Do)**
- **하지 말아야 할 것 (Don't)**

AAR 카드
(After Action Review Card)

| 작성일 | 2023.10.30 |
| 팀명 | 가맹점 관리팀 |

얻고자 한 것 (Expected)
- 월간 가맹점 평균 매출 75% 달성
- 가맹점 만족도 조사 후 90% 이상의 긍정적 피드백 달성
- 신메뉴 출시 관련 마케팅 캠페인 가맹점 참여율 80% 달성

얻은 것 (Results)
- 월간 평균 매출 65% 증가
- 가맹점 만족도 조사에서 90% 긍정 피드백 달성 완료
- 신메뉴 마케팅 캠페인 가맹점 참여율 70%

차이와 원인 (Cause)
- 차이: 가맹점 매출 5% 미달. 마케팅 캠페인의 고객 참여율 10% 미달.
- 매출 증가 목표 미달의 원인: 일부 가맹점들이 동시에 열린 지역 행사로 인해 예상보다 적은 트래픽을 경험함. 특히, 시내 중심가의 가맹점들은 인근 대형 행사와의 경쟁에서 밀려나 매출 하락을 겪음.
- 캠페인 참여율 미달의 원인: 신메뉴 출시 캠페인에 대한 가맹점의 참여를 독려하기 위한 인센티브가 충분치 않았음. 몇몇 가맹점에서는 추가 인센티브가 제공되지 않을 경우 캠페인에 참여하는 것이 매출적으로 이득이 아니라고 판단함.

해야 할 것 (Do)
- 가맹점과 긴밀히 협력하여 지역별로 특화된 프로모션을 기획하고 실행해야 함.
- 가맹점의 매출 개선을 위한 인센티브 프로그램을 개발필요

하지 말아야 할 것 (Don't)
- 가맹점의 의견을 수렴하지 않고 일방적으로 캠페인을 강행하거나, 현장에서 발생하는 운영상의 문제점을 빠르게 대처하지 못한 것.
- 소통의 부재로 인해 발생할 수 있는 갈등을 만드는 것.

회사에서 얻고 싶은 것, 성장하고 싶은 욕구
비전 프로필

작성일   .   .

01 직업가치 BIG 5 | 중요한 직업가치 5가지에 O, 중요하지 않은 직업가치에 V를 해주세요

- 아름다운
- 창조성
- 책임감
- 시간적 여유
- 우정
- 빠른 페이스
- 예술적 표현
- 친밀감
- 최신기술 사용
- 타인과 함께 일함
- 타인을 도움
- 재정적 자유
- 의사결정
- 기회에 도전
- 독립적 업무
- 안정감
- 사람에 대한 영향력
- 일관성
- 변화와 다양성
- 경쟁
- 구조
- 혼자서 일함
- 문제 해결
- 건강과 체력
- 재능의 발휘
- 모험
- 지위
- 안전
- 지식
- 리더십

02 인생 목표 BIG 5 | 인생에서 이루고 싶은 것을 알려주세요(돕고 싶은 것, 해보고 싶은 것, 알아가 보고 싶은 것)

번호	이루고 싶은 목표
1	
2	
3	
4	
5	

03 회사 목표 BIG 5 | 회사에서 해보고 싶은 것을 적어주세요(예: 상품 완판, 리더십 등)

번호	사내에서 해보고 싶은 것, 목표
1	
2	
3	
4	
5	

회사에서 얻고 싶은 것, 성장하고 싶은 욕구
비전 프로필

작성일 22년. 7월. 22일

01 직업가치 BIG 5 | 중요한 직업가치 5가지에 O, 중요하지 않은 직업가치에 V를 해주세요

- ✓ 아름다운
- 창조성
- O 책임감
- 시간적 여유
- 우정
- ✓ 빠른 페이스
- 예술적 표현
- 친밀감
- 최신기술 사용
- 타인과 함께 일함
- O 타인을 도움
- O 재정적 자유
- 의사결정
- 기회에 도전
- 독립적 업무
- O 안정감
- O 사람에 대한 영향력
- 일관성
- 변화와 다양성
- ✓ 경쟁
- 구조
- 혼자서 일함
- 문제 해결
- 건강과 체력
- 재능의 발휘
- ✓ 모험
- 지위
- 안전
- 지식
- 리더십

02 인생 목표 BIG 5 | 인생에서 이루고 싶은 것을 알려주세요(돕고 싶은 것, 해보고 싶은 것, 알아가 보고 싶은 것)

번호	이루고 싶은 목표
1	스페인어로 일상 회화가 가능하게 스페인어 공부 꾸준히 하기 (~2026년)
2	심리 대학원에 진학하여, 사람에 대한 이해 및 커뮤니케이션 전략 지식 쌓기(~2027년)
3	지역 노인복지센터에 분기별 3회씩 봉사활동 참여해서, 지역 노인분들을 돕기(~2034년)
4	100명의 청년들의 커리어 성장을 돕는 커리어 코치로 활동하기!(~2035년)
5	대출 없이 아파트 구매하기(~2026년)

03 회사 목표 BIG 5 | 회사에서 해보고 싶은 것을 적어주세요(예: 상품 완판, 리더십 등)

번호	사내에서 해보고 싶은 것, 목표
1	사내 복지 프로그램을 개선하여 직원 이직률을 5% 이하로 낮추기
2	사내 행사(예: 체육대회, 워크샵) 후 직원 만족도 점수 90점 이상 받기!
3	온보딩 프로그램을 개선해, 신입 직원들의 초기 적응 기간을 단축하고, 원활한 적응을 할 수 있도록 돕기
4	전사적인 비용 분석을 주기적으로 진행하고, 연간 운영비를 10% 이상 절감하기
5	회사의 주요 문서 관리 시스템을 디지털 화하여, 문서 접근성과 보안성을 강화하기